영혼으로 빈 공간을 찢는다면,
빛과 암흑물질

영혼으로 빈 공간을 찢는다면,
빛과 암흑물질

초판 1쇄 인쇄	2025년 09월 05일
초판 1쇄 발행	2025년 09월 22일

신고번호	제313-2010-376호
등록번호	105-91-58839
지은이	황치만
발행처	보민출판사
발행인	김국환
기획	김선희
편집	현경보
디자인	김민정
주소	경기도 파주시 해올로 11, 우미린더퍼스트@ 상가 2동 109호
전화	070-8615-7449
사이트	www.bominbook.com
ISBN	979-11-6957-382-5　　03110

- 가격은 뒤표지에 있으며, 파본은 구입하신 서점에서 교환해드립니다.
- 이 책은 저작권법에 의하여 보호를 받는 저작물이므로 무단 전재와 복사를 금합니다.

천부경 해설 #2

영혼으로 빈 공간을 찢는다면,
빛과 암흑물질

황치만 지음

추천사

　우주와 인간, 과학과 영혼, 보이는 세계와 보이지 않는 세계는 과연 서로 다른 것일까? 황치만 작가의 신작 『영혼으로 빈 공간을 찢는다면, 빛과 암흑물질』은 이 오래된 질문에 대해 신중하면서도 도발적인 대답을 내놓는다. 이 책은 한 수행자가 삶의 근원에 던진 물음에서 출발해, 과학자의 논리로, 철학자의 사유로, 그리고 구도자의 시선으로 그 해답을 탐색해 나가는 여정의 기록이다.

　작가는 해인사에서 받은 화두, "부모에게서 태어나기 전에 너는 누구였는가"라는 질문에 이끌려 영혼의 실체를 좇는 삶을 살아왔다. 그 여정은 고전적 불교 수행만이 아니라, 양자물리학, 암흑에너지, 천부경, 주역과 같은 동서고금의 지식과 직관이 교차하는 길이었다. 그리고 마침내 그는 깨닫는다. 자신이 과학이라는 방식으로 수행을 하고 있었음을. 곧, 진리란 어느 한편에서만 도달할 수 있는 것이 아니라, 직관과 이성, 수행과 실험, 믿음과 증명의 경계에 설 때 비로소 모습을 드러낸다는 사실을 말이다.

　이 책의 중심에는 '존재'에 대한 깊은 사유가 있다. 저자는 '영혼'이라는 단어를 신비화하지 않는다. 영혼은 어떤 환상적 개념이 아니라, 우리 내면에 실재하는 진동과 에너지이며, 이 우주의 구조와 떼려야 뗄 수 없는 존재로 설명된다. 그는 천부경에서 말하는 '일시무시일'을 통해 모든 존재가 무(無)에서 비롯되어 다시 무로 귀결되며, 그 흐름의 한가운데에 인간의 마음과 영혼이 자리하고 있음을 설파한다. 이 사유는 물리학에서 말하는 진공, 즉 '아무것도 없다고 여겨지는 그 공간'이 오히려 모든 것의 출발점이라는 과학적 인식과도 절묘하게 맞닿아 있다. 저자는 말한다.

"우주는 본래 텅 빈 공간이 아니다. 그 공간은 에너지로 가득 차 있다. 우리는 그 에너지를 진공상태라 부르며, 바로 그 진공에서 모든 것이 생성된다."

또한, 저자는 (0)차원과 3차원의 개념을 통해 존재의 이중성을 이야기한다. 인간은 물리적 차원에 속한 육체와 비물질적 차원의 영혼, 그리고 그 둘을 매개하는 마음으로 이루어진 존재다.

"3차원은 인체의 시공간이고, (0)차원은 영혼의 시공간이다. 마음은 이 두 시공간을 오가는 통로이자 에너지 그 자체다."

이때 마음은 끊임없이 양자적 진동을 하며 영혼과 육체 사이를 이동하는 존재로 묘사된다. 이 관점은 수행의 개념을 과학적으로 재해석하고, 영성의 언어를 철학적으로 환기시키며, 신앙적 믿음 대신 사유의 가능성으로 독자를 이끈다.

"빛은 사라지는 것이 아니라 형태를 바꾸어 존재한다"는 저자의 설명은, 영혼의 실체를 설명하는 열쇠이기도 하다. 그는 빛을 통해 영혼의 '현신'을 설명하며, "영혼은 마음을 통하여 빛으로 출현한다. 그리고 그 빛은 물질의 세계에 흔적을 남긴다"고 쓴다. 이 과정은 곧 영혼이 무형의 공간에서 유형의 세계로 나타나는 메커니즘이며, 과학과 샤머니즘, 물리학과 무속의 경계가 사라지는 접점이기도 하다.

이 책은 쉽게 읽히는 책이 아니다. 하지만 그만큼 단단하고, 진지하며, 혼신의 탐구가 깃들어 있다. 이 책은 종교와 과학, 동양과 서양, 직관과 이성이라는 대립의 프레임을 넘어, 존재의 본질을 꿰뚫는 새로운 사유를 제시한다. 삶과 죽음, 빛과 어둠, 에너지와 물질에 대한 이 책의 사유는 인간이란 무엇인가를 묻는 독자에게 오래 남는 울림을 준다. 특히, "과학에는 귀신에 대한 철학이 결여되어 있다"는 그의 문장은, 지금의 과학이 다다르지 못한 세계에 대해 철학이 다시 개입할 수밖에 없음을 단언한다.

물리학과 철학, 수행과 과학의 경계를 넘나들며 인간 존재에 대해 진지하게 묻고자 하는 사람, 신비주의나 종교적 신념이 아닌 철학적 직관과 논리로 삶의 본질에 다가가고자 하는 탐구자, 그리고 한 인간이 온몸으로 써 내려간 사유의 궤적을 통해 자기 삶의 지도를 다시 그려보고 싶은 모든 이에게 이 책을 추천한다.

2025년 8월
편집위원 **김선희**

머리말

노스님에서 받은 화두

　25년 전의 어느 날, 그동안 도움을 받아오던 분들과 함께 해인사에서 하는 참선수행 교육에 참가한 적이 있었다. 그때에 지금은 입적하신 노스님께서 나에게 내려준 화두는 '부모에게서 태어나기 전에 나는 무엇이었던가?'라는 과제를 넘겨주셨다.

　그 이후로 며칠 정도 관심을 가지다가 오랜 세월을 수행도 하지 않고 세월을 보냈다. 그로부터 25년 정도가 지난 것 같다. 얼마 전에 이 책을 거의 끝내갈 무렵에 문득 노스님에게서 받은 화두 생각이 나는 것이었다.

　그리고 그동안 내가 쓴 책의 내용을 찬찬히 들여다보았다. 나도 모르게 그 화두에 대한 답을 쓰고 있다는 생각이 들었던 것이다. 수행을 위해서 받았던 화두가, 스님들의 수행과 같은 방식이 아닌, 다른 방법을 통하여 현실적인 노력을 하는 과정에서도 답이 나올 수 있다는 사실을 깨달았다. 그동안 나도 모르게 과학적 탐구라는 방식으로 수행을 하고 있었던 것이다.

여기서는 귀신을 이해하기 위해서 물리학을 탐구하고 있다.
 그래서 그런지 이 책의 이야기는 고리타분한 귀신의 이야기를 시작으로 한다. 그러면서 이 세상에서 가장 작은 물질이라고 생각되는 양자가 귀신과 어떤 관계를 맺고 있는지를 말하고 있다.

 양자는 너무 작아서 인간의 눈으로 볼 수가 없으니, 내가 궤변을 늘어놓아도 합리적인 반박을 하기 어려운 헛점을 파고들었는지도 모르겠다. 그리고 귀신의 이야기가 우주의 생성과 소멸을 말할 수 있다는 것으로 확대시킨다.

 우주의 생성과 소멸을 말하려면, 물리학을 모르고는 말을 할 수가 없다. 귀신의 현상을 현재 세상에서 가장 첨단을 달리는 입자물리학을 통해서 이해하려고 하는 것이었다.

 입자물리학자들은 수천억을 투자하는 입자가속기를 통해서도 귀신을 발견하는 것은 쉽지 않을 것이다. 쉽지 않은 가장 큰 원인은 귀신에 대한 철학이 없기 때문이다. 그러나 그 속에 분명히 귀신은 존재한다. 세 단계만 더 내려가면 보이는 그 현상은 철학이라는 마음의 준비가 없다면, 기계로 측정이 된다 하더라도 알아차리지를 못할 것이기 때문이다.

천부경의 논리에는 귀신에 대한 철학이 있다.
 이러한 내용들은 내가 다시 수행을 시작한 지 10년 정도가 지나면서부터 영감으로 나타나고 있었다. 그리고 이전부터 오랫동안 공부해온, 세상에서 가장 미신적이라고 말하는, 샤머니즘의 경전인 천부경의 내용은 이러한 영감과 직접적인 관련이 있는 것 같았다.

천부경에서는 귀신의 변화에 대한 실마리를 제공하고 있었다. 81자의 영감은 많은 생각을 하게 만들었다. 그리고 쓴 이 책에는 본래 내가 쓰고 싶었던 내용의 절반에 해당한다. 내용을 논리적으로 검증하는 시간이 생각보다 너무도 많이 소요되었다. 할 말은 많았지만 나머지 부분은 다음으로 미룰 수밖에 없다.

과학적으로 정확히 측정된 사실은 그대로 반영했다.
과학계에서도 추론된 부분은
천부경의 이론에 따른 나의 추론으로 대신했다.
빅뱅과 같은 이론은 과학계의 정설로 받아들이고 있지만, 정확한 근거가 없는 추론이다. 양자나 암흑물질이나 암흑에너지의 부분은, 대부분의 과학계가 인정하는, 추론조차 제대로 나오지 못했다. 우리가 사는 지구가 어떻게 만들어졌는지도 아직은 잘 모르는 상황이다. 이런 부분은 내가 수행을 하고 관련 자료들을 살펴보면서 떠올랐던 영감을 현실화해서 정리한 내용으로 대체했다.

과학자들의 목표점이나 수행자들의 지향점은 같다.
나는 입자물리학자들이나 천문학자들이 찾고자 하는 궁극의 답은 우주의 비밀을 푸는 것이라 생각한다. 새로운 발견을 함으로써 느끼는 성취감은 과학탐구의 길을 멈추지 못하게 한다.

석가모니와 같은 수행자들도 궁극의 목표에 도달하려고 죽음을 각오하고 하는 수행도, 마음으로 하여금 안정된 곳에 도달하려는 무서운 목표의식이 작용한다. 그로 인한 성취감이 마지막 목표를 이루려는 마지막 노력을 하게 만든다.

 과학자들이 열심히 탐구하는 과정에서 가끔씩 떠오르는 기발한 생각이나 영감들은 영혼의 활동과 관련성이 높다. 과학자들이 이 사실을 깨닫는다면 사물을 탐구하는 자세도 달라질 것이다. 수행자들 역시도 아무것도 없는 공허함만을 찾을 것이 아니라, 석가모니와 같은 높은 수행자가 수행을 시작하기 전에 어떤 사전 지식들을 가지고 있었는지를 생각해 보기를 권해드린다.

 사전지식이 고정관념이 되어서 지식에 얽매이게 되면 안 된다. 그런 것이 발견되는 순간에 털어버리는 결단력도 필요하다. 귀신과 과학의 사이에 아무런 연관성이 없다고 생각하고, 서로 친해지지 않으면 인류의 과학은 현재의 어둠을 벗어나는 데 생각보다 훨씬 많은 시간이 소요될 것이다.

현재까지 인류가 이룬 문명에 감사한다.

 나는 이 책을 집필하면서 수준 높은 많은 과학적인 지식들을 접할 수 있었다. 실험과 관측에 근거한 정확하고 새로운 지식들은 내가 수행을 함에 있어서 잘못된 길로 접어들지 않도록 울타리 역할을 하였던 것 같다.

 이 책에는 그 과학적 바탕 위에서 조금의 영감을 가미한 것에 지나지 않는다. 정확한 지식의 토대를 만들어 준 많은 물리학자들, 천문학자들께 감사를 드린다. 그리고 수행의 세계에서 나를 이끌어 주신

스님들, 법사님들, 선각자분들께도 감사를 드린다. 그분들과의 대화를 나누면서 떠올랐던 영감들은 내가 세상을 이해하는 데 많은 도움이 되었던 것 같다.

2025년 8월
저자 **황치만**

목차

추천사 4
머리말 7

제1장.
영혼과의 경험

[1-1] '돌아가셨다'의 뜻 18
[1-2] 어머니가 돌아가시고 '무진본'을 얻었다 20
[1-3] '무진본'이 죽음에 대한 두려움을 제거하다 26
[1-4] 육신은 낡아서 쓰지도 못하는데, 영혼은 젊음을 그대로 가지고 있다 29
[1-5] 젊은 조카의 죽음과 천도 32
[1-6] 죽었다가 다시 살아난 스님이 경험한 영혼 이야기 37
[1-7] 영혼에 대한 이해 42
[1-8] 영혼의 의미와 영혼이 가야 할 길 47
[1-9] 영혼의 그림, 태극과 황극 51

제2장.
인간이 만드는 빛과 나누어진 차원

[2-1] 마음은 빛을 만드는 씨앗이다 54
[2-2] 수행자가 만들어내는 빛의 세계 57
[2-3] 빛을 만드는 근원은 진동일 것이다 63
[2-4] 자기가 살 집을 만드는 과정과 마음이 인체에 정착하는 과정은 같다 68
[2-5] (일)과 (무)가 무엇인가? 71
[2-6] (일)과 (무)가 작용하는 방식 76
[2-7] 서로 다른 세상은 차원이 다르다 81
[2-8] 1차원, 2차원, 3차원 85
[2-9] (0)차원은 물리적인 존재가 움직이지 못한다 89
[2-10] 3차원과 (0)차원이 결합된 것이 양자 차원이다 94

제3장.
(무)가 양자를 만들고 암흑물질이 나타났다

[3-1] 동양학의 근본은 양자이론 96
[3-2] (일)과 (무)가 움직인다면 암흑물질이 만들어진다 103
[3-3] 태역, 아무것도 없다 107
[3-4] 태초, (일)과 (무)가 진동을 일으키면서 나타나는 존재가 암흑물질이다 109
[3-5] 태시, 움직임이 드러나는 시기를 말한다 112
[3-6] 태소, 진동이 커지면서 양자가 만들어진다 116
[3-7] 동시에 같은 장소에서 만들어진 양자는 얽힘이 있다 118
[3-8] 얽힘의 에너지 이동은 (0)차원을 이용한다 120

제4장.
입자가 만들어지고 물질이 창조된다

[4-1] 양자가 만드는 움직임   124
[4-2] 2개의 양자 사이에 끼어드는 힘   128
[4-3] (+)양자와 (-)양자가 만나면 광자가 만들어진다   130
[4-4] (+)와 (+)의 만남과 (-)와 (-)의 만남으로 입자가 만들어진다   136
[4-5] 양전자와 전자를 기본으로 쿼크가 만들어진다   141
[4-6] 쿼크가 만드는 양성자와 중성자   145
[4-7] 수소원자의 생성   149

제5장.
암흑물질은 양자가 만들어지는 과정에서 발생한다

[5-1] 암흑물질이 발견되었다   152
[5-2] 암흑물질이 만들어지는 이론적 배경   155
[5-3] 힉스보손과 암흑물질   159
[5-4] 수많은 시도 끝에 1개의 양자가 만들어진다   162
[5-5] 암흑물질이 말하는 우주공간   165

제6장.
빛은 스스로 움직인다. 그리고 광자는 수명이 있다

[6-1] 양자는 가장 먼저 광자를 만든다   170
[6-2] 빛의 속도가 왜 불변일까?   173

[6-3] 광속을 돌파하려면 어떻게 해야 할까? 178
[6-4] 중성미자는 우주에서 가장 많은 광자다 182
[6-5] 감마선과 X-선은 항성에서 만들어지는 광자다 187
[6-6] 광자가 저항을 만나면서 가시광선으로 약화된다 189
[6-7] 가시광선은 빨강-노랑-파랑의 3-6색, 조화다 192
[6-8] 빛은 광자로 태어나서 파동으로 죽는다 194
[6-9] 광자의 에너지 역학, 광자의 수명 201

제7장.
빛의 실험과 우주의 가속팽창과 암흑에너지

[7-1] 빛은 광자상태와 파동상태로 존재한다 206
[7-2] 이중 슬릿실험, 빛이 광자인지 파동인지 구분한다 207
[7-3] 자동차가 멀어지는 소리는 주파수가 작아지는 것 210
[7-4] 멀어지는 태양의 빛은 어떻게 되나? 213
[7-5] 적색편이가 우주가속팽창의 증거라고? 217
[7-6] 우주가속팽창을 위해서 암흑에너지가 생겨났다 221
[7-7] 빅뱅이론의 등장과 빅뱅의 표준모델 224
[7-8] 천부경으로 보는 빅뱅과 암흑에너지 229

제8장.
천부경에 의해 정리하는 우주론

[8-1] 천부경은 우주와 사물의 원리를 말하고 있다 236
[8-2] 질량과 중력의 관계 239

[8-3] 우주는 3차원과 (0)차원을 가진 양자 차원이다   245

[8-4] 우주는 무한히 크고 생성과 소멸을 반복한다   252

[8-5] 에너지 불변의 법칙이 블랙홀을 상상하게 만든다   257

[8-6] 우주의 시작 (1), 우주의 중심과 블랙홀   261

[8-7] 우주의 시작 (2), 우주의 중심은 항성 단위로   268

[8-8] 빅뱅은 없었고, 암흑에너지와 가속팽창도 없다   272

제9장.
물질을 만들고 (0)차원을 활용한다

[9-1] 우주의 성장 (3), 양성자와 수소핵이 만들어진다   278

[9-2] 우주의 물질 (4), 항성의 출현과 무거운 원소   284

[9-3] 우주의 물질 (5), 초신성의 폭발이 불러오는 결과물   292

[9-4] 결합하는 원소의 숫자는 모두 성격이 다르다   295

[9-5] 우주의 결론 (6), 지구가 만들어진다   297

[9-6] 지구는 태양의 영향으로 다시 구성된다   306

[9-7] (0)차원을 어떻게 활용하나?   312

제1장

영혼과의 경험

영혼의 거주지를 상징하는 (무)의 표현이다.
마음 심 자 위에 대궐이 있다.

'돌아가셨다'의 뜻

한국인들은 부모님이나 친지분들이 사망했다는 것을 '돌아가셨다'라고 표현한다. 어디로 가시는지는 모르지만 어쨌든 의학적인 용어인 '사망했다'는 말을 하지 않고, 마치 돌아가는 목적지가 있는 듯이 표현을 한다.

처음으로 '돌아가시다'는 말을 사용했을 때는 어디로 가는지를 목적지를 알았을 것이다. 현재는 어느 누구도 죽어서 어디로 가는지 목적지를 아는 사람은 아무도 없다. 그저 망자에 대한 예의로 사용하는 말인 줄로 생각한다.

대부분의 사람들은 죽음의 시기가 오면 무서워하고 피하려 한다. 비록 젊은 시절에 두려움 없이 자신감이 넘치던 때와는 달리 막상 그 문턱에 들어선다면 대부분은 무서워하고 죽음의 문턱을 넘기 싫어한다.

반면에 어느 정도의 수준에 이른 소수의 수행자들은 정말로 담담하게 자신이 죽는 날을 미리 알고서 앉아서 운명을 맞이하는 사람도 있다. 어디로 가는지를 알아서 그럴 수 있을까? 아니면 자신이 가는 곳이 지금 살아있는 세상보다 더 좋다는 확신이 있어서 일까?

나도 아직은 정확하게는 알 수 없지만, 내가 경험한 나의 부모님들의 죽음에서 어느 정도 답을 찾을 수 있을지 찾아보고자 한다. 영혼이 무언지 알려면 먼저 죽음을 이해해야 한다.

나의 부모님은 아버지, 친어머니, 둘째어머니의 세 사람이 계셨다. 가장 먼저 돌아가신 분은 친어머니이셨는데, 어머니가 돌아가실 무렵에는 나도 중병에 걸려서 삶에 대해 어떻게 생각해야 하는지를 고민하게 되었던 위태로운 시간이었다.

젊은 시절에 했었던 수행도 오랫동안 쉬고 있어서 정신적인 능력도 부족해서 어머님에게 어떤 도움도 줄 수도 없었다. 모든 것이 부족한 상황에서 맞이한 이별은 모든 것이 초라했었다.

어머니가 돌아가시고 '무진본'을 얻었다

 어머니께서는 10대에 당시에는 누구보다 빨리 서양 문물의 대표로 생각했었던 가톨릭을 접하였다. 종교적인 신념이 강하고 새로운 것에 대한 호기심이 강한 분이었던 것 같다. 나는 추운 겨울 새벽의 어느 날에 어머니의 등에 업혀서 지금도 기억하는 어떤 성당에 가던 것을 기억한다. 그러나 지병이 있어서 그 이후에 이혼을 했고 평생을 힘들게 사셨다.

 초등학교도 들어가기 전에 헤어졌던 어머니는 20살이 되어서야 다시 만나게 되었다. 다시 만난 후 1년 정도 지난 후에 나에게 했던 말은 "마음에 안 든다"는 것이었다. 그리고 이 말에 대한 의미는 돌아가시고 난 뒤에 한참이 지나서야 깨닫게 된다.

 내 나이 50대에 들어서면서 건강이 너무 나빠져서 긴 미래를 생각하기 힘들 즈음에, 내가 살기 위해서 마지막으로 선택한 방법은, 어떤 계기로 인해 약 20년 정도를 쉬었던, 수행을 다시 시작하는 일이었다. 우연인지는 모르지만 다행히도 그 이후로 나의 건강이 천천히 좋아지기 시작했다.

스스로 선택한 낮은 곳으로의 윤회

그러던 어느 날, 돌아가셨던 어머니가 내 앞에 나타나셨다. 어머니의 모습은 좋은 모습이 아니었다. 생전에 타던 휠체어를 끌고서 쥐가 들끓는 세계와 개미가 모여 있는 세계로 들어가고 있는 모습을 보았다. 나는 "거기로 가시면 안 된다!"고 말렸지만 마치 단단한 결심이라도 하신 듯이 담담하게 들어가셨다.

그 순간 나의 머리를 스치는 생각이 있었다. 어머니와 헤어지고 둘째어머니와 살던 시기에 집의 담벼락에서 만들어지는 개미집을 파서 부수는 행위와 대학 시절 목조건물이었던 우리 집의 다락에 들어온 쥐들을 잡고 뒤처리를 제대로 하지 않고 그대로 두었었다.

이후로 2년 6개월간 군대에 갔다 와서 보니, 우리 집안의 중요한 가보였던 고서들을 다른 쥐들이 들어와서 모두 파먹어 버렸다. 그걸 발견하고는 '그때의 업보였구나!'라는 생각을 했었고, 고서가 아까웠지만 이미 없어진 것을 어쩔 수가 없었다. 다만 그것으로 업보는 해소된 것으로 생각했었다.

그러나 실제로는 그 업보는 없어지지 않았었던 것 같다. 업보가 없어졌다면 어머니가 힘든 그곳으로 들어갈 일이 없었을 것이다. 그리고 앞으로 살아갈 나의 앞길에 장애로 남아서 두고두고 방해를 받아야 했을 수도 있겠다는 생각을 했었다. 그리고는 어머니는 돌아가셨음에도 '자식에게 남겨진 업보의 장애를 대신 제거하고자 노력하시는구나!'라고 생각을 했었다. 어머니에 대한 미안함이 몰려왔다. 나 때문에 고생해야 함을 안타까워할 수밖에 없었다. 당시에는 내가 특별히 도와드릴 수 있는 힘도 없었고, 방법도 몰랐다.

업보의 실체

내가 개미집을 집요하게 파던 행위는 성과도 없는, 또는 별로 좋지도 않은 일에 내가 집요하게 파고들려 하는 성격의 장애를 의미한다. 죽은 쥐의 사체를 처리하지 않은 일은 조금이라도 귀찮아지면 모든 것을 뒤로 미루는 나태함이 나타나는 성격이라는 것을 말한다.

이 성격적인 장애는 성장하는 과정에서 부모에 의해서 고쳐질 수 있는 부분이었지만, 고쳐지지 않고 지나갔었다. 심리적으로 정상적이지 못한 내 마음의 장애로 남겨져 있었다. 이런 성격이 업보로 남아 있다면 어떤 일을 하더라도 성과를 내지 못한다. 이것이 성장하는 과정에서, 주어진 환경에 의해, 자식들의 마음에 남겨지는 업보의 실체로 생각된다.

낮은 곳에서 다시 영혼의 세계로 돌아오다.

어머니가 수행하는 내 앞에 다시 모습을 보인 것은 그로부터 2~3년이 지난 어느 날 꿈속이었다. 산속의 어느 낡은 집에서 힘이 모두 빠져서 탈진한 모습과 큰일을 당한 듯이 놀라서 숨을 몰아쉬고 있는 어머니의 모습을 발견한 것이었다. 거기에는 어머니뿐만 아니라 다른 여자분들도 2~3명이 함께 보였고, 어머니를 도와주고 있었다. 아마도 동물의 전생으로써 천적에게 쫓기다가 목숨을 잃고 다시 영혼의 세계로 돌아온 듯했다. 그래도 나는 아무런 조치를 할 수 없었다. 아는 것이 없었기 때문이었다.

그러고 난 뒤에 나는 수행을 계속하고 천부경을 공부하면서, 어떤 계기를 통해서 한 가지의 특별한 지식을 얻게 되었다. 나는 그것을 '무진본'이라고 부른다. '무진본'은 현재 육신을 가졌던, 가지지 않았던, '무진본'을 경험한 사람들이 자신들의 영혼을 맑고 깨끗하게 만든다는 사실을 발견했다.

인간의 잠재된 순수한 모습의 순수한 본능을 깨워주는 방법이라는 것을 알게 된다. 그리고 이 방법을 여러 가지로 시험하고 있었고, 가족들에게도 적용하여 가족들의 흐트러진 마음을 바로잡는 과정을 경험하게 된다.

어머니에게 '무진본'으로 돌려드림

그런 과정을 계속하고 거의 마무리를 할 수 있을 시점에, 나는 다시 어머니의 영혼을 다시 만나게 된다. 어느 날 새벽 수행을 마친 나는 잠시 눈을 붙이려고 자리에 누우려는데, 어머니는 휠체어를 타고 다시 나타나셨다. 그리고는 내가 수행하는 제단을 향해서 가시는 게 아닌가?

순간 나는 나의 잘못을 알아차렸다. 결국은 어머니의 도움으로 터득한 '무진본'을 '다른 많은 사람들에게는 다 해주면서 왜 어머니에게 해줄 생각은 안 했던가?'라고 자책했다. 그게 아니더라도 가장 먼저 해야만 했었다.

인간보다 훨씬 더 아래의 먹이사슬인 최하층에서 자신을 먹이로 바치는 무시무시한 속죄와 참회의 수레바퀴를 감내하면서까지 자식의 업보를 대신하였던 어머니였다. 거대한 불안감과 공포를 경험해야 했을 것이고, 가지고 있는 대부분의 에너지를 소진했을 것이었다. 그리고 아직도 어머니는 본래의 자리로 돌아오지 못하신 것 같다.

나는 즉시 다시 일어나서 내가 할 수 있는 정성을 다해 어머니의 '무진본'을 즉시 만들었다. 그 이후로는 다시는 어머니를 본 적이 없다. '무진본'은 아마도 어머니의 영혼을 더 강하게 만들었을 것이고, 성장시켰을 것이다. 그리고 지금도 진행되고 있을 것이다. 그리고 본인이 생각하기에도 둔하기 짝이 없는 아들에게 미련이 없었을 것으로 생각되어진다.

육식의 업보와 업보의 해소

아마도 스스로 선택했던 바다로의 윤회는 영혼을 맑게 만들었을 것이다. 인간의 영혼으로서 만들어진 거대한 탁기는 아주 작은 존재를 선택함으로써 탁한 것이 아주 작게 변한다. 그 탁한 기운들마저도 포식자의 탐욕에 던져줌으로써 자신의 마지막 남은 모든 탁기를 포식자에게 넘기고 제거한다. 영혼이 맑아지는 것이다.

그러고 보면 '육식의 과보가 그런 식으로 만들어지는가?' 육식에는 알게 모르게 다른 생명체의 원한이 섞여 있다고 생각한다면, 육식으로 인해서 그런 원한도 함께 섭취하게 된다는 뜻이라는 깨달음도 함께 온다.

이승에서 받았던 모진 고초로 인한 마음의 불편함을 계속 가지고 있다면 세상을 혼탁하게 만들 수도 있었을 것이다. 그리고 본인도 스스로 풀지 못하면, 그 풀지 못한 한으로 인해서 본인도 점점 힘들어진다. 그리고 그를 둘러싼 세상은 어두운 길로 가게 되는 상황을 반복하게 된다. 어둠은 어둠을 낳는다는 평범한 진리다.

어머니의 영적인 희생으로 인해서, 어머니와 나를 둘러싼 세상이 다시 밝아져서 밝은 세상이 반복되도록 환경을 만들어 준 것에 어머니에게 항상 감사드리고 있다. 지금도 어머니를 위한 '무진본'은 계속 돌아가고 있다.

'무진본'이 죽음에 대한 두려움을 제거하다

다음으로 돌아가신 분은 아버지셨다. 나의 아버지는 젊은 시절에 초등학교 교사를 하셨다. 6.25전쟁 당시에 이승만 대통령은 미래세대를 위한 교육을 중시하여 초등학교 교사들의 입대를 면제했다. 군 입대 면제를 받았지만 자발적으로 장교 교육을 받고 소대장으로 참전하셨을 만큼 적극적인 자세로 인생을 살아가신 분이다.

젊고 튼튼한 체력을 가지고 있을 때는 "죽는 것이 무엇이 두렵나! 나중에 때가 되면 가면 그뿐이다"라고 항상 호기롭게 말하던 분이셨다. 그러나 나이가 들어가면서 육신의 에너지가 약해지고 영혼이 고갈되는 듯하면, 전쟁 중에 작전을 짜고 전투를 벌이는 꿈을 자주 꾸고 잠꼬대까지 하시면서 힘들어하셨다.

그리고 마지막에는 4년간의 병원생활을 하게 되었는데, 젊을 때의 그 호기로움은 사라지고 죽음에 대한 두려움을 느끼는 듯했다. 먼저

가신 분들이 눈앞에 나타나는지, "아니야! 안 갈 거야!"라는 잠꼬대를 자주 했었다.

건강했던 신체는 아무리 노력을 해도 다시 건강해지지 않았다. 재활치료를 하면서 어느 정도 회복되는가 싶으면, 신체의 다른 부분이 깨지면서 다시 수술을 받아야 하는 상황이 계속되었다. 그래도 끝까지 그 노력을 포기하지 않고 규칙적인 생활을 하고자 했던 것은 존경스러운 모습이었다.

밤마다 다른 존재들이 나오면서 함께 갈 것을 권유하지만 아직 가보지 않은 세상에 대한 두려움이 존재하는 듯했다. 과거의 호기롭던 생각은 이미 저편으로 사라졌고, 잘 모르는 세상에 대한 불안감을 더 크게 느끼고 있는 듯했다.

비록 잘 알던 존재가 나타났다 하더라도 함부로 따라가면 안 된다. 영혼은 변신의 귀재다. 본모습이 어떤 존재인지 어찌 알랴!

뻔히 보이는 이 세상은 100년 가까이 살아왔으므로 모를 것이 없고 두려울 것이 없었지만, 육신의 껍질을 벗어버린 저 영혼의 세상은 어찌 될지 모르는 전쟁터로 향하는 것보다 더 불안했을 것이다.

옆에서 지켜보던 나는 아버지의 삶의 에너지가 고갈되어 가는 적당한 시점에서, 내가 할 수 있는 '무진본'을 해드렸다. 당시에 나는 어느 정도 마음의 힘을 회복했던 시기였으므로 통제가 가능했다. '무진본'을 행한 이후로 아버지는 아무런 동요 없이 편안하게 잠을 자듯이 보름을 자리에 누워 있다가 돌아가셨다.

돌아가신 이후로도 내 앞에는 다시는 모습을 보이지 않으셨다. 그러나 다른 몇 분들의 꿈에는 나타나셨다고 한다. 아마도 다음 생을 준비하고 계셨을 것이다. 여기저기 다니면서 좋은 자리가 있는지 찾아보기도 하고, 환생하기 전에 힘을 길러야 하기도 하기 때문이기도 하므로 적당한 시간이 필요할 것이다. '무진본'은 마음의 힘을 기르는 방법이다. 빛과 어둠을 구분하면서 어둠을 물리치고 밝은 것만 남게 하는 방법 중에 하나다.

육신은 낡아서 쓰지 못하는데,
영혼은 젊음을 그대로 가지고 있다

세 번째로 돌아가신 분은 둘째어머니셨다. 마찬가지로 인생의 굴곡을 많이 겪었던 분인지라 약간의 심리적인 문제를 안고 있었다. 단지 너무도 오랜 시간을 움직이지 못하고 병원에 누워서 돌아가신 터라 살도 거의 없었고, 대화도 나눌 수 없는 상황이었으므로 기력을 거의 소진한 상태로 돌아가셨던 분이다.

장례를 모두 치르고 난 날, 먼 길을 갔다 오느라 49재의 시간을 맞출 수가 없었으므로 사진과 신위는 내가 수행하는 방에서 하루를 보내게 되었다. 언제나와 같이 일찍 일어나서 새벽에 수행을 막 시작하려는데, 사진으로부터 어머니가 스르르 나오면서 나에게 반갑게 웃으면서 다가오고 있었다. 그 모습은 돌아가실 때의 낡은 모습이 아닌 팽팽한 중년의 모습인 사진의 모습 그대로였다.

나는 여태껏 그렇게 선명한 영혼의 모습을 본 적이 없다. 인간에게 모습을 드러낸다는 것은 에너지를 많이 사용하고 있다는 것이다. 에너지가 부족해지면 다시 채워야 한다. 그 에너지를 어떻게 채울 것인가? 스스로 채우지 못하면 후손으로부터 빌릴 수밖에 없다. 그러나 어찌 후손들에게 받을 수가 있겠나? 영혼은 후손에게 할 말이 있으면 가장 에너지가 적게 드는, 알 듯 모를 듯 신호로 대신해야 한다.

나는 무표정하게 '다시 사진으로 들어가시라'는 마음의 소리를 전하고 하려던 수행을 계속했다. 그리고는 49재를 마치던 날에 친아들이었던 동생에게 '무진본'을 만들어 주면서 동생의 집에서 잘 모시라고 챙겨주었다.

부모가 죽어도 자식이 어려움에 처해 있으면 부모는 불안해서 떠나지를 못한다. 앞에서 언급한 윤회에 대한 자신의 업보 때문에 더욱 그렇다. 살아있을 때 마음에 잘못 각인된 마음의 상처가 자신의 유전자를 물려받은 자식에게 그대로 전이된다.

잘못 각인된 영혼의 상처는 자식들에게 전달되지만 다시 되돌아오면서 영혼인 자신에게도 상처를 남긴다. 자신이 죽어서 없어진 것 같지만 후손의 몸으로 남겨진 DNA에 여전히 연결되어 있고, 살아 숨쉬고 있다.

자신의 잘못된 마음에 의한 영혼의 각인은 해소할 수만 있다면 해소하고 넘어가야 한다. 그러나 이미 육신을 잃은 영혼은 해소할 수 있는 방법을 찾기가 너무 어렵다. 자식이 능력이 된다면 해소해서 DNA로 전달되어지길 바랄 뿐이고, 어떤 유능한 능력자가 해소시켜

주길 바랄 뿐이다.

그러나 영혼이 자식에게 늘 기대어 있다면 자식에게는 좋은 일이 일어날 수가 없다. 잘못하면 자신의 영혼의 문제가 자식에게 또 다른 문제를 일으키고, 자식은 더 깊은 상처를 입어가면서 점점 상황이 악화될 뿐이다.

영혼은 살아있는 사람과 가능하면 접촉하지 않도록 하는 것이 최선이다. 이런 것들이 샤머니즘에서 굿이 만들어지고, 불교와 같은 종교의식에서 천도재가 생겨난 이유일 것이다.

아마도 둘째어머니는 환생의 길로 접어들려면 조금 더 긴 시간이 필요할 것이다. 그동안 축생도 거칠 수가 있을 것이다. 그러나 항상 '무진본'이 돌아가고 있다면 영원히 길을 잃지 않고 다시 돌아올 수가 있다. '무진본'은 영혼들의 두려움을 해소하는 방법이 된다.

젊은 조카의 죽음과 천도

나와 5촌 관계인 종조카가 병원에서 병명도 알 수 없는 뇌질환에 걸려서 죽음을 맞이했다. 결혼을 해서 어린 딸이 둘이나 있었는데, 국내 최고 수준의 병원에서도 해결하지 못하고 가버린 것이다. 그녀와는 평소에 관계가 좋았음에도 나는 사망하기 얼마 전에서야 소식을 들을 수 있었다. 의식이 없는 상황이라 얼굴만 보고 이별을 했다.

그래도 49재는 참여하고 싶었지만 이상하게도 시간이 허락하지 않았다. 마지막 재가 되어서야 겨우 시간을 내었는데, 실제는 오후 시간이었음에도 잘못 알고서 오전에 찾아갔었다. 그러나 오후까지 기다릴 수가 없어서 오전에 미리 혼자서 작별인사를 할 수밖에 없었다.

노자 돈과 함께 작별을 하고 나오는데, 그녀의 영혼과 그녀와 함께 한 해원을 원하는 영혼들이 나의 머리에 순식간에 와서 붙어서 다시 돌아가려 하지 않았다. 나는 동시에 엄청난 두통이 몰려왔고, 이후에 내가 무엇을 해야 하는지를 직감했다.

그녀가 겪었던 고통은 그녀의 가족들과 함께 그녀의 자식들의 안전이 걸린 일이었다. 그것을 해소하지 못하면 저승으로 가지 못하고 자식들 옆에서 붙어 있어야만 할 것이었다. 그러면 자식들과 그 가족들은 번갈아 가면서 어려움을 겪게 된다. 49재를 집전하는 스님의 도력이 그렇게 높지 않았거나, 그 스님이 알고도 어려운 문제라서 그 문제를 무시했던 것일 가능성이 높다.

조카의 영혼은 자신의 그 문제를 해결하기 위해서 마지막 날이 되어서야 아무도 모르게 나를 초대한 것이다. 그것도 사람이 아무도 없는 시간을 골라서 말이다. 나는 그 초대에 나도 모르게 참석하게 되었고, 그 문제를 받은 이상 어쩔 수 없이 해결해야 했다. 가까운 사람들 중에서 내가 아니면 해소하기 어려운 문제였을 것이다.

나는 그 시간 이후로 잠시도 쉬지 않고 '태을주' 수행을 했다. 밥 먹을 때도, 운전할 때도, 잠을 잘 때마저도 '태을주'를 수행했다. 내가 정신없이 자던 순간을 제외하고는 계속 수행을 했던 것 같다. 부모님을 모시고 여행지에 가서도 수행을 했다. 그리한 지 아마도 62시간 정도가 지났던 것 같다.

태양과 같은 빛을 보면서 문제를 해결하다.

한밤중에 잠잘 시간이 되어서 자면서 수행을 하려고 자리에 누워 눈을 감았는데, 눈앞에 커다란 태양이 나타났다. 너무도 밝고 뜨거워서 내가 모두 타버릴 것 같았다. 아무리 벗어나려 해도 태양은 내 눈 앞에서 사라지지 않았다. 그리고 나도 모르게 잠이 들었던 것 같다. 2시간 정도나 잤을까? 잠이 깬 나는 머리가 맑아져 있음을 알았다.

그녀는 해원을 하고 저승으로 들어간 것이었다. 얼마나 고통스러웠을까? 그녀에게 드리웠던 원한의 그림자 존재도 해원을 했을 것이다. 해원을 하지 못하면 저승으로 가지 못한다. 그녀에게 찾아오는 수많은 사람들 중에서 오로지 나만이 그녀의 문제를 해결해 줄 수 있음을 영혼이 되어서야 볼 수 있었을 것이다.

수행 시에 나타나는 커다란 불은 인간의 마음이 만드는 불이다. 처음에는 원자보다 작은 불이지만 점차 커지면서 마음의 힘이 뭉쳐지면 핵이 폭발하듯이 커다란 불로 커버린다. 원자보다 작은 불은 너무도 작아서 자신도 볼 수가 없다.

작은 불들이 모이고 모여서 커진다면, 개인의 마음이 만들어내기 때문에, 본인은 볼 수가 있지만 남들은 보지 못한다. 이 불이 점차 커지고 연쇄 반응을 일으킨다면 태양과 같은 불로 번진다. 불을 만든 자신은 너무 커져서 두려움까지 생기지만, 어두운 밤이라면 주변 사람들은 그 사람의 근처에서 밝은 광명이 비치는 것을 볼 수 있다. 방광이다.

흔히들 죽으면 모든 고통이 끝난다고들 하지만 절대로 그렇지 않다. 살아있을 때 가지고 있던 고통은 영혼이 되어서도 대부분이 함께 가져간다. 고통은 인체가 느끼는 것이 아니라 마음과 영혼이 느끼는 것이다. 인간은 죽기 전에 스스로 가졌던 고통을 이해하고 해소해야 한다. 그렇지 않으면 죽어서도 고통의 바다에 빠져서 헤어 나오지 못한다.

그리고 평소에 인연이 있는 사람들을 찾아가서 괴롭힌다. 괴롭힌다는 것은 마음이 나빠서 해코지하는 것이 아니다. 하소연하는 것 자체가 살아있는 사람에게 나쁜 영향을 미치기 때문에 해코지하는 것으로 느낄 뿐이다.

인간이 수행을 하면 주변에 있는 모든 영혼들이 함께 해원을 한다고 한다. 좋은 인연으로 함께한 영혼이든, 나쁜 인연으로 맺어진 인연이든 마찬가지다. 그들이 해원하고 가면서 이제는 가져갈 수 없는 자신들의 남은 복록과 수명을 떨어뜨리고 간다. 그들이 가야 하는 곳으로 갈 때는 아무것도 가져갈 수 없기 때문이다. 그래서 수행을 하는 자는 없던 복도 생기고 수명도 늘어난다.

그중에서도 '태을주'라는 진언 수행은 모든 문제를 정상으로 회복시켜 주는 기능을 한다. 단순히 악귀를 쫓는 수행이라면 영혼이라는 것이 불멸의 존재이므로, 없어지고 약해지고 해소되는 것 같지만 시간이 지나면 다시 돌아온다. 그래서 악귀를 쫓는 수행은 긴급한 상황이 아니라면 하지 않는 것이 좋다.

수행을 하는 것은 자신뿐만 아니라 주변의 모든 것을 해원시켜 준다. 단순히 옆에서 함께했던 인연만 있는데도 해원을 한다. 수행을 한다는 것은 어두운 세상에 태양을 넓게 비추는 것과 같은 것이기 때문이다.

수행승 한 명이 미치는 영향

"집안에 제대로 된 스님 한 명이 나오면 사돈의 팔촌까지 좋아진다"는 말을 어렸을 때부터 들었던 것 같다. 수행승이 만들어내는 빛이 주변의 많은 사람들의 문제를 해결한다는 뜻이다.

수행승에게서 뿜어져 나오는 방광이 수행승 자신뿐만 아니라 주변으로 퍼지면서 많은 영혼들이 그 빛을 보고 해원을 한다는 뜻이다. 남이 발광하는 빛을 보고서 이득을 얻는 것보다 자신이 빛을 만들 수가 있다면 더 빠르고 강한 효과를 얻을 것이다.

그래서 고승들에게 가르침을 구한다면 고승들이 직접 복을 내려주기보다는 수행하는 방법을 가르쳐 준다. 건강하지 못한 사람일지라도 신체를 가지고 있다면 스스로 만들어내는 빛의 효력은 상상을 초월한다. 마음은 모든 질병의 근원이기 때문이다. 신체를 가지지 못한 영혼이라면 신체를 가진 이들의 도움이 필요하다.

죽었다가 다시 살아난 스님이 경험한 영혼 이야기

이 이야기는 탄허스님과 김현준 선사님이 쓴 책인 『광명진언 기도법』(효림출판)에서 전체 내용을 인용했다. 경남 어느 절의 스님의 실제 경험담이라고 알려져 있다. 아마도 1900년도 중반의 이야기로 생각되어진다. 유명한 이야기이고 영혼이 어떤 존재인지를 알 수 있게 하는 내용이라서 원문을 그대로 소개해 본다.

학승의 죽음과 다시 살아남
강원의 학승들은 가을 수확철에 되면 절 뒤편에 있는 잣나무 숲으로 잣을 따러 갔다. 그런데 잣나무가 워낙 높아서 한 나무에 올라갔다가 다시 내려와서 다른 나무로 올라가면 힘드니까, 몸이 재빠른 학인들은 가지를 타고 이 나무에서 저 나무로 그냥 건너뛰는 일이 많았다.

그날도 그렇게 잣을 따다가 한 학인이 자칫 실수하여 나무 밑으로 떨어지고 말았다. 마침 그 밑에 낙엽이 수북이 쌓여 있어서 몸에 상처는 입지 않았지만 완전히 숨이 끊어지고 말았다.

죽었음에도 죽었다는 사실을 알지 못한다.

그러나 그 학인은 자기가 죽은 것을 알지 못하였다. 다만 그 순간 어머님이 보고 싶다는 생각이 일어났고, 그 생각이 일어나자 그는 이미 속가의 집에 들어서고 있었다. 그는 배가 많이 고픈 상태에서 죽었기 때문에 집에 들어서자마자 길쌈을 하고 있는 누나의 등을 짚으며 "밥을 달라"고 하였다.

그런데 이게 웬일인가? 어머니와 함께 길쌈을 하던 누나가 갑자기 펄펄 뛰며 "머리가 아파 죽겠다"는 것이었다. 누나가 아프다고 하자 의기소침해진 학인은 한쪽 구석에 우두커니 서 있는데, 어머니가 보리밥과 풋나물을 된장국에 풀어 바가지에 담아와서는 시퍼런 칼을 들고 이리저리 휘두르며 벼락같이 고함을 지르는 것이었다.

"네 이놈 객귀야! 이거나 먹고 썩 물러가라!"

학인은 깜짝 놀라서 뛰어나오며 투덜거렸다.

"에잇! 빌어먹을 집! 내 생전에 다시 찾아오나 봐라! 그래 나도 참 별일이지, 중이 된 몸으로 집에는 무엇 하러 왔나? 더구나 사람대접을 이렇게 하는 집에. 가자! 나의 진짜 집 ○○사로!"

영혼이 받는 유혹들

그리고는 ○○사로 가고 있는데, 길옆의 꽃밭에서 청춘 남녀가 화려하게 옷을 입고 풍악을 울리며 신나게 놀고 있는 것이었다. 잠시 넋을 잃고 바라보고 있으니 한 젊은 여자가 다가와서 옷자락을 잡아당기며 유혹하였다.

"스님! 우리랑 함께 놀다 가세요."
"중이 어찌 이런 곳에서 놀 수 있겠소?"
"에잇, 그놈의 중! 간이 적어 평생 중질밖에 못해 먹겠다!"

사양을 하고 돌아서는 그를 보고 그 여인은 욕을 퍼부었다. 욕을 하든 말든 다시 해인사로 돌아오는데, 이번에는 예쁘장하게 생긴 여인이 길가에 있다가 붙잡고 매달리는 것이었다. 억지로 뿌리치고 걸음을 옮겼다.

이번에는 수건을 질끈 동여맨 수십 명의 무인들이 활을 쏘아 잡은 노루를 구워 먹으며 함께 먹을 것을 권하였다. 그들도 간신히 뿌리치고 절에 도착하니 재가 있는지 염불소리가 들려왔다.

자신의 장례 모습을 보고 다시 살아나다.

그런데 아무래도 그 소리가 이상했고 가까이 다가가서 유심히 들어보니, 목탁을 두드리던 스님은 "은행나무 바리때! 뚝딱뚝딱" 하고 있고, 요령을 흔드는 스님은 "제경행상! 딸랑딸랑" 하고 있는 것이었다. '참! 이상한 염불도 다 한다'고 생각하며 열반당 간병실로 가보니, 자기와 꼭 닮은 사람이 누워 있는 것이었고, 그를 발로 툭 차는 순간, 그는 다시 살아났다.

그런데 조금 전에 집에서 보았던 누나와 어머니는 물론 여러 조객들이 자기를 앞에 놓고 슬피 울고 있는 것이었다. 영문을 알 수 없었던 그는 살아난 자신을 보고 기절초풍하는 어머니에게 여쭈었다.
"어머니, 왜 여기 와서 울고 계십니까?"
"네놈이 산에 잣을 따러 갔다가 죽었지 않았느냐? 그래서 지금 초상 치를 준비를 하고 있었다."

세상이 진정 일장춘몽이었다.

영혼에서의 과정을 되돌아본다.

그는 다시 어머니에게 물었다.

"어제 집에서 누나가 아픈 적이 있었습니까?"

"그럼, 멀쩡하던 애가 갑자기 죽는다고 하여 밥을 바가지에 풀어서 버렸더니 다시 살아나더구나."

그는 다시 자신을 위해서 염불을 해주던 도반스님에게 물었다.

"아까 내가 들으니 너는 은행나무 바리때만 찾고, 너는 제경행상만 찾던데 도대체 그것이 무슨 소리냐?"

"나는 전부터 은행나무로 만든 너의 바리때를 무척 갖고 싶었어. 너의 유품 중에서 그것만은 갖고 싶다는 생각이 어찌나 강하게 나던지… 너를 위해 염불을 하면서도 은행나무 바리때에 대한 생각을 떨쳐버릴 수가 없었어. 정말 미안하네."

"나도 역시 그랬다네. 네가 평소에 애지중지하던 『제경행상』이란 책이 탐이 나서…"

죽었다가 살아난 그 학인은 그 말을 듣고 문득 깨닫는 바가 있어서 무인들이 노루고기를 먹던 장소를 가보았다. 그런데 사람들의 자취는 없고 큰 벌집만 하나 있었다. 꿀을 따는 벌들만 열심히 그 집을 드나들고 있을 뿐…

다시 미모의 여인이 붙들고 매달리던 장소를 가보니 뱀 한 마리가 또아리를 틀고 있었다. 청춘남녀가 놀던 곳에는 비단개구리들이 모여 울고 있었다.

'휴, 내가 무사 미녀의 유혹에 빠졌다면 분명 개구리, 뱀, 벌 중 하나로 태어났을 것이 아닌가?'

스님의 독백이었다.

영혼에 대한 이해

영혼은 영혼을 보고 인체는 인체를 본다.
여기서 알 수 있는 사실은 영혼은 인체와 완전히 분리된다는 사실이고, 영혼도 통증을 느낀다는 것이다. 사실상 감각은 인체가 감각으로 느끼는 것이 아닌 영혼이 느끼는 지각이다.

개구리, 벌, 뱀이 인격체로 보였던 것은 영혼의 상태는 인체의 5감에 해당하는 감각적인 눈이 없기 때문에 벌과 개구리의 몸체를 인식하지 못한다는 것이다. 순수한 영혼의 상태에서는 마음만 볼 수 있을 뿐이라는 것이다. 영혼이 육신과 함께 있을 때 육신의 눈으로 봐야 비로소 물질의 세계를 인식할 수 있다. 동물도 마음이 있으므로 영혼의 상태에서는 동일한 상태에서 상대를 보는 것이다.

인간의 욕망이 만드는 영혼의 안식처
하필 개구리, 벌, 뱀이 그 젊은 학승의 영혼 앞에 나타난 이유는 10

대의 젊은 나이였기에 평소에 젊은 욕망이 있었을 것이다. 10대의 젊은 시절은 친구들과 어울리고 노래 부르며 노는 것을 좋아한다. 그것이 개구리의 소굴에 접근하게 된 계기가 된다.

이성에 대한 관심도 있었을 것이다. 그러한 성적인 욕망이 뱀에게 관심을 가지게 된 계기가 된다. 젊은 남자로서 강한 근육과 힘을 과시하고 싶은 욕망도 있었을 것이다. 그런 욕망이 벌의 세계에 접근하게 되었을 것이다.

내 영혼이 좋아하는 것이 화려해 보인다.

영혼은 어떤 마음을 가지느냐에 따라서 영혼이 가는 길이 달라진다. 내가 가진 욕망이 객관적으로는 개구리나 뱀과 같이 보잘것없는 것이지만 내가 가진 마음이 그곳을 지향하고 있으므로 그곳은 언제나 아름다워 보인다. 그래서 항상 사람은 사람다운 마음을 가져야지 동물과 같은 욕망에 사로잡히면 스스로를 망친다는 것을 말해준다.

낮은 단계로의 윤회도 장점이 있다.

나의 어머니의 실례에서 보듯이 윤회라는 과정에서 "어디로 환생할 것이냐?"의 선택에는 물론 자신의 의지가 더 중요한 역할을 할 수도 있다. 스스로 낮은 단계의 윤회를 통해서 자신의 영혼의 색깔을 깨끗하게 정화시키는 선택을 자발적으로 할 수도 있다. 보통의 영혼에서는 가능하지 않은 일이다.

마음의 울림을 들을 수 있는 영혼의 청각

죽었던 스님이 자신의 제례에서 동료 스님들의 염불소리가 '제경행상'과 '바리때'로 들렸던 것은 염불하는 스님들의 입에서 나오는 염불소리가 아닌 마음에서 나오는 마음의 울림을 들었던 것이다. 영혼의 상태에서는 실물의 소리와 마음의 울림이 다를 경우에 마음의 울림이 우선한다는 사실을 알려주는 것이다.

영혼의 대화는 마음으로 하는 것이다. 그리고 마음의 대화를 할 수 있다면 6통 중에서 '타심통'은 수행승으로서는 가장 쉬운 길이 될 것이다.

마음이 육신을 떠나면 영혼이 된다.
[1-6]의 예에서 스님이 나무에서 떨어져서 죽었음에도 마음은 전혀 변화가 없고 살아있을 때와 같았다. 인체는 죽으면 꼼짝도 하지 못한다. 죽었다는 것은 인체가 죽었을 뿐이다. 마음은 죽지 않고 자신의 인체가 어찌 되었는지를 영혼으로서 직접 보고 확인하지 않으면 알 수가 없을 정도로 관련이 없다.

인간의 마음이란 것은 바로 나 자신이지만, 인체는 마음이 잠시 머무는 공간이다. 공간에 들어갔다가 나왔다가를 반복할 수 있을 뿐이다. 그렇다고 육신이 전혀 필요 없는 존재라면 왜 육신의 옷을 입고서 기쁨과 슬픔을 두고 힘들게 살까? 필요 없는 존재가 아닐 것이다. 오히려 없으면 안 되는 이유가 있을 것이다.

천부경의 한 구절인 '무진본'은 영혼의 상태에서 마음으로 변하면서 인체에 들어왔던 것처럼, 나갈 때는 마음이 신체와의 연결고리가 끊어지면서 영혼이 된다. 천부경의 마지막 구절인 '일종무종일'은

(무)가 (본)으로 변했던 것이, 모든 것이 끝나면 (본)이 다시 (무)로 돌아간다.

인체와 마음은 완전히 별개의 존재이고, 바로 나인 내 마음이 조종하고 있는 인체가 내 마음이 시키는 대로 움직이는 기계장치와 같은 존재라고 생각한다면 틀린 말이 아닐 것이다. 그리고 이 마음은 인체를 떠나서 완전히 독립한다면 그것이 영혼이다.

시신의 매장이 필요할까?

인체와 영혼이 완전히 별개의 존재라면 산소에 매장은 의미가 없는 행동이다. 시신의 DNA를 물려받은 후손이 있다면 매장은 당연히 영향을 받을 것이다. 좋은 자리와 나쁜 자리가 후손의 DNA에 있는 요인들에 연결되어 영향을 주게 될 것이다. 이것을 동기감응이라고 하기도 하고, 과학적인 용어로 바꾸면 양자얽힘이라는 말이 사용될 수 있다. 불교에서의 화장은 이러한 수고로움을 덜어주는 좋은 방법이다.

많은 경우에 영혼은 떠날 곳이 없다면 머물러 있게 된다. 유골이나 시신이 있다면 그 주변을 떠나지 못할 것이다. 그래서 후손에게 다시 영향을 미치게 된다.

시신을 화장해서 뿌려버린다면 죽은 자와 산 자 사이에 아무런 영향이 없다. 굳이 기억이 필요하다면 족보에 행적을 기록하고, 혼백을 담은 별도의 종이 한 장이면 충분히 복도 받을 수 있을 것이다.

마음과 영혼은 물리학적인 법칙을 따르지 않는다.

영혼은 3차원 세계에서 볼 수 있는 물질이 아니다. 그래서 물리학적인 법칙을 따르지 않는다. 온도, 압력, 공간, 시간에 의해서 영향을 받지 않는다. 그래서 영혼은 춥고 열악한 환경에서도 존재할 수 있다. 영혼이 신체를 얻게 되면 영혼은 신체에 영향을 받게 되므로 물리적인 조건을 필요로 한다.

마음은 영혼이 변해서 3차원의 공간에 머무르고 있다. 신체가 존재하지 못하면 마음도 없으므로, 마음은 신체가 살아갈 수 있는 조건에 의지해야 한다. 적당한 온도와 적당한 압력은 필요하다. 뇌에 있는 마음은 신체의 각 부분에 존재하는 작은 마음과 소통하면서 몸체가 마음이 의도하는 대로 움직일 수가 있다.

신체가 죽는다면 신체가 식어버리므로 적당한 온도가 없어진다. 이때의 마음은 신체에서 빠져나와야 한다. 그렇지 않으면 마음이 신체에 갇히게 되므로 영혼은 그만큼 손실을 입는다.

마음이 신체에서 100%를 탈출시킬 수 있는 사람은 소수의 수행자들 중에서도 극소수이다. 주로 뇌에 존재하는 마음만이 탈출한다. 신체의 팔다리와 내장으로부터 빠져나오는 마음의 에너지는 죽음 당시에는 탈출하지 못한다. 죽음에 이른 수행승이 스스로 폐문을 택하고, 인체의 모든 에너지를 모아서 열반에 드시자 남아 있던 시신은 평소 가지고 있던 인체에 비해서 1/3 정도만 남더라는 이야기도 있다. 티벳불교도 경험했던 어느 큰스님의 법문에서 들은 이야기이다.

영혼의 의미와
영혼이 가야 할 길

UFO 추락사건

이 이야기는 현실적으로 믿기 힘든 공상과학의 소설과 같은 이야기지만, 알고 넘어가야 할 중요한 의미를 알려주는 내용이 있어서 인용한다.

1947년 미국의 뉴멕시코주에서 벌어진 UFO 추락사건에서 미국은 우주인을 생포하는 사건이 벌어진다. 그 우주인을 마음으로 통역했던 멕엘로이 여사가 남긴 기록에 의하면, 영혼이란 존재를 그 우주인은 '이즈비'라고 표현했다고 한다.

'이즈비'는 영어의 'IS-BE'로 현재라는 시간개념과 존재하고자 하는 욕망을 표현한다고 했다. 자신은 존재하고자 하는 의지가 있는 개체이며, 물질이 아닌 죽어 없어지지 않는 영원불멸의 존재라고 했다. '이즈비'는 우리 인간들이 말하는 영혼과 일치하는 개념으로 보인다.

이 사건이 사실인지, 아닌지의 여부와는 별개로 마음과 영혼이라는 존재의 본질을 가장 잘 표현했다고 본다. (무)와 영혼은 존재하고자 하는 의지와 신념은 눈으로 드러나는 것이 아닌 무형적인 것으로 정의할 수 있다.

노인이 된다는 것은 인체만 노화된다는 것
인간은 젊을 때는 자신감이 넘치고 의욕이 샘솟지만 나이가 들어서 신체의 움직임 둔해지면 마음마저도 같이 늙어간다. 주변 사회의 통념에 따라서 해야 할 일과 하지 말아야 할 일이 구분된다.

그러나 마음은 인체와는 달리 늙지 않는다. 단지 스스로 신체가 늙었으니 마음도 늙고 있다고 생각할 뿐이다. 그러나 신체는 늙었음에도 마음은 젊다고 겉모습이 전혀 다른 젊은이들과 어울릴 수는 없다. 젊은이들이 좋아하지 않는다. 늙은이들끼리 모였을 때 젊게 어울리는 것이다.

그러기 위해서는 마음의 에너지를 스스로 고갈시킨다면 모든 것에 의욕이 없어진다. '내가 늙어서 저런 걸 왜 해야 하나?'라는 자조 섞인 생각은 마음이 늙었다는 증거다.

작아지고 작아져서 작은 점만 남은 늙은 영혼이라면 자신의 신체의 일부를 통제하지 못할 가능성이 높아진다. 신체의 일부에서 발생하는 반란을 효과적으로 잠재울 수 있는 마음을 유지한다면 자신의 신체는 조금 낡았더라도 얼마든지 재생이 가능힐 것이다.

젊은 영혼은 창조적 능력이 있다.

　신체는 늙었더라도 영혼이 젊다면, 언제나 새로운 것에 대한 도전을 할 수 있는 마음이 생긴다. 새로운 아이디어는 신체가 늙어도 나타난다.

　오래된 젊은 영혼이 창조해야 할 부분도 생긴다. (무)의 에너지는 새로운 것을 창조하려는 본성이 있다. 언제나 나의 인체에서 늙어가는 부분을 다시 만들어서 바꿀 수도 있다.

　능력을 가졌음에도 마음이 늙으면 창조적인 능력을 발휘하지 못한다. 언제나 젊은 마음으로 새로운 물질을 만들 수 있다는 것은 새로운 인체조직을 만들 수가 있다는 말이다.

신체와 마음을 분리하고 합체하는 능력

　우주선의 외계인은 신체를 인공적으로 만들 수 있는 능력이 있다고 한다. 영혼을 인위적으로 분리하여 만들어진 신체에 합체하면서 영혼은 영원히 살아간다고 한다. 이것이 사실이라면 "인간들이 말하는 신이란 외계인인가?"라는 의문도 든다.

　오늘날 불교에서 말하는 윤회가 어쩔 수 없는 업보에 따른 피동적인 선택이 아닌, 자신이 원하는 대로 이루어질 수 있는 "능동적인 방법이 될 수도 있을까?"라는 의문도 생긴다. 요즘에 과학기술이 발전하는 것을 보면 불가능하란 법은 없을 것 같다. 저런 일이 가능하게 되려면 인간은 인체와 마음을 분리할 수 있는 방법을 알아내야 한다. 마음이 늙으면 이런 일을 할 수가 없다.

첨단과학이 발전하고 있는 지금도 마음과 신체를 분리하는 능력은 현재의 과학기술만으로는 불가능할 것으로 보인다. 그러나 분명한 것은 현재의 물리학자들과 신경과학자들의 노력만으로는 불가능할 것이란 사실이다. 수행자들의 수행의 영역이 추가되지 않는다면 실현되기 어려운 새로운 과제가 될 것이다.

영혼의 그림, 태극과 황극

천부경에서 표현하는 3에 대한 가장 첫 해석은 아래의 그림에서 보는 바와 같다. 마음의 힘은 황색을 뜻하는 빛이다. 보통은 작고 약한 빛이라서 혼자 생존하지 못하고 다른 큰 존재로부터 도움을 받아야 한다. 수행을 통해서 태양과 같이 크고 강력한 빛을 만들 수 있다면, 모든 것을 창조하면서 혼자 생존할 수 있는 신의 세계로 발을 들이는 것이다.

삼태극의 청색과 붉은색은 물리학의 영역이다. 황색은 수행자의 영역이다. 천부경에서 말하는 세상의 구조다.

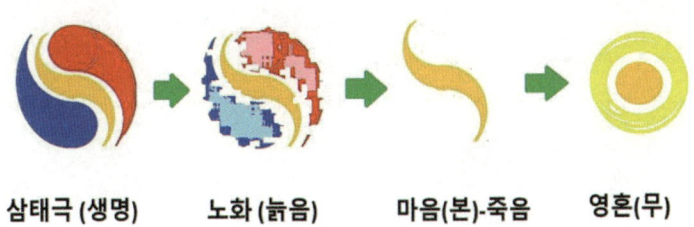

제2장
인간이 만드는 빛과 나누어진 차원

수행의 모습, 마음이 (공)으로 비어 있을 때
들어오는 (무)의 에너지를 그렸다.

마음은 빛을 만드는 씨앗이다

마음과 영혼은 앞에서 설명된 바와 같이 "존재하고자 하는 의지가 있다"는 표현을 사용했다. 어쩌다 아주 좋은 표현을 본 것 같다. 존재하고자 하는 의지는 에너지를 불러 모으는 근원이다. 세상의 모든 일은 의지가 있음으로 인해서 진행된다.

마음이 불러오는 에너지는 천부경에서 나타나는 (일)과 (무)의 2개 중에서 (무)가 해당된다. (무)는 (일)을 움직여서 3차원 세계에서 (음)과 (양)을 만들게 되면서 물질이 만들어진다.

이것이 물질이 만들어지는 원리다. 현대물리학에서 말하는 양자가 시작되는 것이다. 양자는 3차원의 세계에서 표현되는 가장 작은 물질이다. 그 작은 물질은 마음에서 시작된다는 것이 천부경의 철학이다.

'일시무시일'로서 (일)과 (무)가 동시에 움직인다. 자연의 현상을 잘 살펴보면 (일)은 먼저 시작할 수가 없다. (일)에는 스스로를 움직이게 할 수 있는 요인이 존재하지 않기 때문이다.

의지인 (무)는 샤머니즘의 근본이다.

인체가 중요한지 마음이 중요한지를 생각해 보자. 인체는 태어나면서 만들어져서 눈에 보이므로 인체가 전부인 것같이 보인다. 죽으면 흙으로 돌아가면서 사라져서 시신은 남지만 언젠가는 흙에 파묻혀 없어진다. 마음이 더 적극적인 의지를 가지고 있을 수밖에 없다. 모든 자연현상에 나타나는 움직임에는 (무)의 의지가 우선적으로 작용한다.

영혼이 현실에 나타나는 것은 빛으로 현신하는 것이다.

무당과 같은 특별한 인간의 강한 염원이 마음과 마음만이 소통되는 공간에서 어떤 영혼을 부른다. 무당은 그 공간을 통해서 영혼을 나타나게 만들 수 있다. 이러한 상황은 샤머니즘의 주술의식에서 영혼을 부르는 행위의 기본개념이 되었다. 이러한 행위는 영혼으로 하여금 빛으로 나타나게 만드는 행위다.

이 말의 의미가 과학적으로 이해되려면, 이후로 양자의 생성과정이 물리학적으로 설명된 부분을 이해한다면 차츰 이해가 되기 시작할 것이다.

(무)는 현실에 나타나려면 많은 에너지를 필요로 한다.

영혼과 마음은 현재의 물질적인 사고의 체계로는 완전히 이해하기 어려울 수밖에 없다. 영혼이 현실세계에서 모습을 드러내려면 많은 에너지를 필요로 한다. 보통은 마음의 눈으로 봐야 보이지만, 3차원의 세계에서 여러 사람이 볼 수 있을 정도로 나타나려면 엄청나게 많은 에너지를 소모한다.

샤머니즘의 무당을 통한 영혼의 출현과 영혼의 메시지를 전달하는 행위는, 현재는 특별한 감각이 발달된 사람만 할 수 있는 의식이다. 그런 후에 불러서 오게 된 영혼은 자신이 사용한 에너지를 샤머니즘의 무당에게서 대신 보충해 간다.

무당이 영혼을 보려 한다면, 영혼에게 무당 자신의 에너지를 사용하게 해서 빛을 만들어내게 한다. 굿은 무당의 의지를 영혼에게 부여해 주는 절차이다. 그리고 인간은 그 빛 또는 그 영혼이 일으키는 진동을 느낀다.

이러한 빛과 진동은 마음의 눈으로 보고 마음의 귀로 들어야 한다. 아주 약한 진동이 일어나므로 그 에너지를 허용하여 (무)의 에너지가 연결된 사람만 자세히 느낄 수 있다.

특별한 마음이 가지는 능력

이런 의미에서 무당이란 인류에게서 보통 사람이 가지지 못한 능력을 가진 특별한 존재가 된다. 무당이 아니라도 특별한 수행을 거치면서 마음의 능력이 강해진다면 보통 사람들도 많은 사람들이 볼 수 있는 빛을 만들어낼 수 있다. 수행승들의 이야기이다. 미래에는 기계적인 장치를 통해서도 가능한 세상이 올 수도 있을 것 같은 생각이 든다.

수행자가 만들어내는
빛의 세계

수행을 한다는 것은 마음의 에너지를 키우는 일이다. 마음이 강해지면 영혼도 함께 강해진다. 영혼이 강해진다는 것은 존재하고자 하는 의지가 강해진다는 뜻이다. 더 나아가면 신념이 확고하게 된다는 뜻이기도 하다.

먹는 음식에도 포함되는 (무)의 에너지

수행을 한다는 것은 인체와 함께 마음이 한다는 것이다. 우선은 인체가 영향을 준다. 마음이 주도해서 수행한다고 하지만 인체가 그러한 행동들을 보완해 주지 못한다면 빛을 만들기 어렵다.

인체는 물과 공기, 그리고 포도당을 섭취해서 움직인다. 인간의 마음이 추구하는 바가 각각의 개별 세포들이 추구하는 바와 다르게 되면, 당장에 세포들은 반란을 일으킨다. 그 반란은 질병을 말한다. 질병에 시달리면서 마음은 신체를 잃어버릴 수도 있다.

잡식성인 인간은 항상 먹는 음식물이, 식물과 동물이었을 때에 가지고 있었던, 음식물 세포 속의 (본)의 에너지를 함께 섭취한다. 인간은 자연의 마음을 함께 먹고 변화해 간다.

섭취된 (무)는 또 다른 (무)를 만든다.

먹거리로부터 들어오는 (무)는 인체에서 그들의 성격을 반영한다. 육식을 많이 하는 사람은 적극적이다. 심하게 말하면 강압적인 성향을 가진다. 식물을 많이 섭취하는 사람은 환경에 순응적인 성향을 가진다(순전히 내 생각이다). 이 점들을 감안한다면 음식물의 종류가 인간의 마음에 영향을 주지 않는다고 할 수는 없을 것이다.

음식에 포함되어 인체에 들어온 (무)는 많은 것들이 섞여 있으면서, 음식재료의 본래의 성향에 맞게 작용을 하도록 변화시키게 된다. 인체에서 새로운 마음이 조합되는 것이다. 이러한 작용이 인간의 마음을 변화시키는 것이다. 나아가서는 인체의 장부와 세포가 가진 마음의 에너지와 인간 본연의 순수한 마음의 에너지는 별개의 존재이다.

이들이 한 개의 마음으로 작용하게 되면서 상승작용을 할 수도 있고, 서로 맞지 않아서 하락작용을 할 수도 있다. 보약과 독약의 관계이다. 인간이 먹는 것이 가진 (무)의 에너지는 이와 같이 단순하지는 않다.

더 자세한 내용은 생각보다 복잡한 인문학적인 내용이다. 이어지는 다른 책에서 언급될 예정이다.

내 마음의 (무)는 유입된 (무)를 조화시켜서 하나로 만든다.
　인간의 (무)는 이렇게 외부적 요인에 의해서 내부로 들어온 (무)를 적절하게 관리해야 한다. 적절하게 관리하지 않으면 자신의 본래의 (무)는 힘을 쓰지 못하고 다른 요인에 의해서 자주 마음이 흔들리게 된다.

　마음은 본래의 의지를 가진 자신의 (무)를 중시해야 한다. 외부에서 유입된 의도에 흔들리다가 보면 자신의 본래의 목적을 상실하게 된다. 자신의 마음을 가다듬는 일은 복잡하고 다양한 의도를 가진 환경에서 자신의 길을 확실하게 바로 세운다.

자신이 해야 할 일을 알려면 수행을 해야 한다.
　수행은 마음을 바로잡는다. 마음이 바로잡히면 영혼이 맑아진다. 영혼의 관점에서 보는 인간의 존재 이유는 영혼의 크기를 맑고 크고 강하게 만드는 일이다.

　영혼이란 종교에서 말하는 신과 같은 차원에서 존재한다. 크기의 차이만 있을 뿐이다. 일반적인 영혼은 우리가 흔히들 말하는 선생님과 같은 신으로부터 공부를 배우는 학생과 같은 존재다.

　누구는 누구의 아들이고, 누구의 부모이고는 영혼의 세계에서는 의미가 없다. 인체를 가진 3차원의 세계에서만 통용되는 규칙일 뿐이다. 돌고 도는 영혼의 세계에서 잠시 머물다 가는 인연일 뿐이다. 어떻게 얽혀 있는지는 아무도 모른다. 이것을 아는 것을 숙명통이라 했던가?

석가모니 부처님도 먹어야 했다.

3차원 세계에서 존재하는 인간은 포도당이 없어도 생존할 수 있는 방법은 없다. 아무것도 먹지 않고 살 수 있다고 착각하면 안 된다. 수천 년 동안 세상에서 가장 높은 경지에까지 도달했다는 석가모니 부처님께서도 적지만 평생을 식사를 하셨다. 인체를 가지고 있기 때문이다.

수행의 세계는 마음이 주력이지만 인체는 언제나 필요하다. 그래서 먹는 것을 무시할 수는 없다. 인간의 마음이 성취를 이룬다면 인체의 각각을 이루고 있는 장기와 세포도 에너지의 성취를 이룰 수 있는 기회를 얻게 된다. 인체가 전부 성공할 수 있는 것이다.

수행은 빛을 얻기 위해서 하는 일이다.

수행을 하면 자연스레 빛이 생긴다. 그 빛이 어떤 빛이 될지는 현재까지 자신이 어떤 생각을 해온 존재인지가 관건이다. 어떤 부분은 자신을 이루고 있는 신체에서 발현되는 경우도 있고, 머리에서 마음이 추구하는 바가 현실화되는 경우도 있다.

(무)의 에너지의 본질은 강한 의지이다. 의지가 강하면 어디서 오는지도 모르는 빛의 에너지가 몰려온다. 잡념을 없애고 맑은 마음의 상황에서 수행을 하다 보면, 마음의 경계가 열려버린 듯, 삼매에 들어가는 경우가 가끔 있다(나는 아직은 가끔이다).

이 상황은 (무)가 존재하는 자원으로 발을 들인 경우다. 이 상황은 (무)의 에너지를 공급받을 수 있는 상황이다. 이 상황에서 나의 마음을 더욱 비운다면 (무)의 에너지는 나에게 끌려 들어올 것이다.

눈앞에서 작은 불빛이 동글동글 돌면서 나타났다가 사라지는 것을 보게 되고, 알 수 없는 강한 힘이 나의 머리 또는 신체의 어떤 부분에 강하게 밀고 들어오기도 하고, 가끔은 견디기 어려운 통증을 유발하기도 한다.

상당히 많은 수행을 한꺼번에 몰아서 했을 경우에는 가끔은 커다란 불덩어리들이 내 눈앞에 나타나기도 하고, 어떤 경우에는 알 수 없는 뜨거운 커다란 기운들이 머리 또는 신체의 일부분을 점유하다가 사라지기도 한다.

마음을 비우는 것만으로도 다른 차원의 에너지를 끌어들이는 것이다. 초기에 만들어지는 이러한 물리적인 변화는 수행하는 본인만이 알아챌 수 있는 현상이다. 그 에너지의 강도가 약해서 3차원의 세계에 다른 사람에게 모습을 드러내지 못한다.

경지가 높아지면 빛은 강렬해진다.

수행이 진행된다면 이러한 에너지의 결집도가 강력해진다. 그리고 가끔이면 깜깜한 밤에 주변에 있는 보통 사람들도 실제로 볼 수 있는 수준으로 빛이 강렬해진다.

탄허스님의 경우는 10리 밖에서도 한밤중에 발산되는 빛을 보는 경우도 있었다고 한다. 나는 아쉽게도 그런 것을 아직은 본 적이 없다. 그런 현상을 방광이라고 하는데, 방광은 수행 중에도 나타나지만, 수행을 마치고 일정한 시간이 지나야 나타날 수도 있다. 이렇게 시간이 지연되어 나타나는 현상은 마음이 빛을 만들려면 에너지의 결집에 단계와 시간이 필요함을 말해 준다고 본다.

이러한 시간의 지연은 원자폭탄의 폭발과정과 비슷하다. 핵분열은 처음에는 몇 개의 원자핵이 서로 부딪히지만, 점차 충돌 횟수를 기하급수적으로 늘리면서 몇 분 후에는 큰 폭발을 일으킨다. 수행자가 발생시킨 부드러운 빛의 생성은 몇 십 분 또는 몇 시간 뒤에 거대한 폭풍을 일으키면서 걷잡을 수 없이 폭발하게 되는 경우도 있다.

수행이 깊은 고승들이 있는 곳에서 십 리 밖에서도 보일 만큼의 밝은 빛이 일어나서 '산불이 났나?' 싶어서 여러 사람이 몰려가면 정작 본인은 수행을 마치고 자는 경우가 많았다고 한다.

빛을 만드는 근원은
진동일 것이다

인간의 마음은 소리의 진동을 만들 수 있다.

어떤 상황이든지 변화를 만들려면 움직임을 발생시켜야 한다. 가장 쉽게 접근할 수 있는 행동은 소리를 내는 것이다. 소리 자체가 진동이다. 인간의 마음이 소리를 낸다고 의지를 가진다면 마음이 움직일 수 있는 인체의 근육을 움직이게 하여서 소리를 만들어낸다.

입으로 주문을 외우면서 소리를 만들어내면 머리와 몸 전체에서 물리적으로 진동이 일어난다. 진동은 고요한 진공의 공간에 울림을 발생시킨다. 움직이지 않던 물질이 움직이면서 파생되어진 다른 에너지를 만들어낸다.

인체는 수행에서 중요한 역할을 한다.

인간의 소리는 우주의 에너지를 깨우고 모으는 중요한 역할을 할 수 있다. 없던 것이 만들어질 수 있는 여지가 생긴다. 인체가 없다면 소리를 만들어낼 수가 없다. 인체는 수행에 있어서 중요한 요인이라는 것을 말해 준다. 환생을 하면서 인간으로 내려오는 이유는 (무)의 에너지를 끌어모으는 인체와 같은 매개체가 필요하기 때문일 것이다.

호흡으로 마음의 내면을 들여다본다.

주문으로 내는 소리는 마음으로 인체를 움직인다. 호흡을 안정시키는 행위는 호흡으로 마음을 이끄는 행위다. 마음으로 호흡을 이끌어서 마음의 내면을 들여다보는 것은, 마음에 연결된 다른 차원의 에너지 통로를 여는 행위이다. 에너지 통로가 열린다면 (무)의 에너지는 끌려 들어올 것이다.

마음은 그 마음 자체가 에너지의 근원이다. 마음은 많은 단계의 층층이 겹쳐진 껍질이 존재한다. 한 단계의 마음의 껍질을 벗겨내면, 다른 차원의 통로로 가는 길이 가까워진다. 또 다른 한 단계의 껍질을 벗겨낸다면, 그만큼의 통로를 개척하는 것이 된다. 결국은 모든 망상의 그림자를 벗겨낸다면, 또 다른 마음의 에너지를 느낄 수 있다.

(공)은 (무)의 영역에 도달하기 위한 필수조건이다.

마음의 에너지는 (무)의 영역에서 밀려온다. 현실세계와 (무)의 영역에 연결된 이 통로를 열려고 하면 (공)이라는 특별한 목표를 달성해야 한다. 깊은 곳에서 올라오는 마음의 에너지들은 3차원의 빈 공간에서 빛을 끌어 모을 수 있는 힘의 근원이다. 이 힘이 모아지면 진동을 만들어낼 수 있다.

생각을 자신의 외부보다는 내부에 집중해야 한다.

보통의 사람들은 자신의 마음에 있는 것들에 생각을 집중하지 않는다.

'주식이 오를까?'

'자동차가 엔진소리가 이상하던데?'

'자식들이 공부는 잘할 건지?' 등등

보통의 사람들은 자신의 내부에 있는 마음에 집중하지 못하고 외부의 사정에 더 많은 생각을 한다. 이것은 생각이 마음에 모여지지 않고 밖으로 향하게 되는 현상이다. 이 모든 생각을 마음 안으로 끌어들인다. 나중에는 생각은 없어지고 순수한 내 마음만 움직이게 된다. 참선을 하는 것이다.

진동이 일어나고 빛이 만들어진다.

열려진 (무)의 영역에서 밀려오는 에너지는 커진다. 이 에너지는 작으나마 부드러운 진동을 일으킨다. 움직임이 시작되는 것이다. 아무것도 없는 빈 공간에서 무언가가 새로운 움직임들이 만들어지는 것이다. 그러다가 유리가 깨진다든지 칼이 서로 부딪히는 소리도 들을 수 있다. 빛도 만들어진다.

나의 영혼은 신체가 존재하는 3차원과는 다른 차원에서와 함께 존재하지만, 소리를 낸다고 마음만 먹으면 나의 성대를 이용하여 3차원의 공간에 진동을 만들어 3차원의 공간에 발산할 수 있다.

생존을 위해서 하는 호흡은 마음이 없어도 계속 진행된다. 호흡을 마음으로 한다면, 그 마음의 대상은 넓은 우주의 전체 공간이 될 수 있다. 마음이 연결된 곳은 장소의 제한을 받지 않기 때문이다.

진동의 에너지의 근원은 3차원 공간이 아니다.
마음이 움직이면서 진동이 발생한다면, 그 에너지의 근원은 어디일까? 3차원 공간에서 에너지를 뽑아서 쓰려 한다면 많은 음식물들을 먹어서 영양분을 저장해야 한다.

하지만 대부분의 수행자들은 그만큼의 음식을 먹지 않는다. 추운 겨울에 맨몸으로 열기를 발산시켜서 얇은 옷만을 걸치고서 살아가는 수행자들은 소비하는 열량만큼의 음식물을 섭취하지 못한다. 그리하고도 체중은 크게 줄지 않는다.

마음을 통해서 3차원의 공간이 아닌 다른 차원의 공간에서 에너지를 뽑아서 사용하고 있는 것이다. 그렇게 빨아들이는 에너지는 얼마나 많은 양이 사용되는지 상상할 수 없다.

수행의 정도에 따라서 사람이 만드는 진동의 크기는 모두 달라진다. 수행이 높은 사람은 강하고 커다란 진동이 만들어지고, 그렇지 못한 사람은 그릇에 맞는 진동이 만들어질 것이다. 이렇게 만들어지는 진동은 우주의 빈 공간에서 빛을 만들 수 있다.

진동이 우주를 창조한다.
이렇게 만들어지는 빛은 물질을 창조하는 기본적인 현상이자 우주가 창조되는 첫 시작이 된다. 인간의 본래 모습이 신이다. 신들은 각기 다른 힘과 능력을 가지고 있다. 신들도 우주의 법칙에 따를 수밖에 없다. 그중에서 인간이 모르는 마음의 법칙을 제외한다면 말이다. 각각의 많은 크고 작은 신들의 에너지가 모여서 진동을 통해서 우주는 탄생된다.

자기가 살 집을 짓는 과정과
마음이 인체에 정착하는 과정은 같다

우리가 집을 지으려면 먼저 '내가 집을 짓는다'는 마음을 가져야 한다. (무)가 뜻을 가지는 것과 같은 것이다. 집이 들어설 땅을 살피고, 어떻게 지을지 설계도를 그린다. 그리고 무엇보다도 돈이 필요하다.

경우에 따라서는 돈을 마련하기 위하여 임금을 받을 수 있는 곳에 가서 다른 사람들의 일을 거들어 주면서 돈을 벌어야 할 경우도 있다. (무)가 뜻을 실현하기 위하여 사전에 많은 노력이 필요함을 말한다. 집을 실제로 짓는 것보다 사전준비가 더 힘든 과정이 될 수도 있다.

필요한 자금이 확보되면 건축자재를 사서 모으고 필요한 인력을 확보하여 집을 짓는 기간 동안 임금을 준다. 그리고 집을 짓는 공사 기간 중에는 잘 지어지고 있는지를 살피며 감독을 한다. (무)가 가만히 앉아서 노는 것이 아니라는 뜻이다.

집을 다 짓고 나면, (무)는 자기가 지은 집에 들어가서 살게 된다. 우리는 비로소 집주인이 되어서 쫓겨 나갈 걱정 없이 편안하게 살게 된다. 이제 집 주인은 (본)이 된다. 무주택자 (무)가 집주인인 (본)이 되는 것이다.

이 과정은 천부경에서 표현하는 '일시무시일', '석삼극 무진본'이 뜻하는 바가 된다. (일)이라는 물질적 존재가 있다면, (무)라는 영혼은 집을 지을 수가 있으므로 집을 짓겠다는 마음을 먹을 수가 있다. '일시무시일'이다.

(일)은 (일)을 사용할 수 있는 (무)라는 존재가 없다면 쓸모없는 존재가 된다. (무)가 현실 속에서 모습을 드러내려고 해도 (일)이 없다면 아무것도 할 수가 없다. (일)과 (무)가 다른 존재인 것 같지만 함께 해야 하는 존재인 것이다.

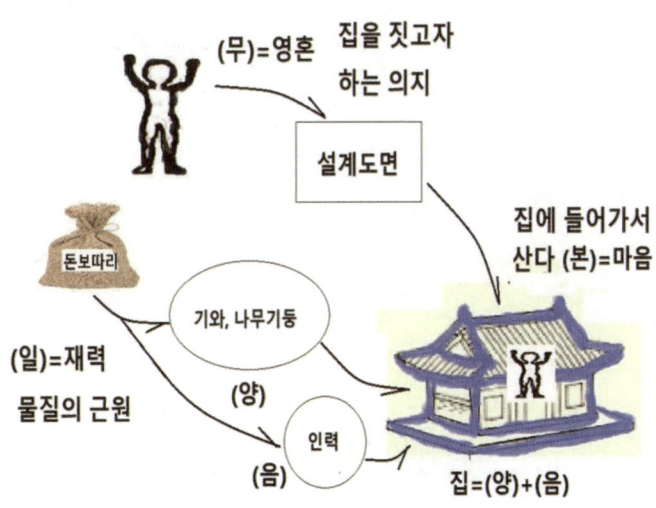

(일)이 표현하는 돈이라는 존재는 건축자재와 인력을 구할 수 있다. (일)을 통해서 (양)과 (음)이 확보되는 것을 말한다. '석삼극'의 과정이다. 3극이지만 2개는 물질적 존재이고, 1개는 비물질적 존재라는 사실은 1권에서 설명되어진 바와 같다.

3개 중에 1개인 (무)는 집을 다 짓고 나면 집에 들어가서 살게 된다. 집을 지을 때는 (무)라는 존재이지만 집에 들어가서 살게 되면 집주인이 되는 (본)이라는 모습으로 바뀌어서 살게 된다. '무진본'이다. 우주에 있는 개념적인 존재가 현실에서 물리적인 존재로 바뀌는 과정이다.

자동차와 인간의 관계

보다 더 쉬운 예로는 마음이 인체에 들어가면서 사람이 되는 것과 마찬가지로, 공장에서 만든 자동차에 인간이 타고 운전하는 것과 같다. 자동차가 사고가 나서 범퍼가 망가지면 자동차가 다쳐서 자동차가 아픈 것이 아니라, 수리하려면 돈이 들어가야 하니, 차 주인의 마음이 아픈 것이다.

(일)과 (무)가 무엇인가?

천부경의 해석은 (일)과 (무)를 움직이는 것에서 시작해서 (일)과 (무)가 없어지는 것까지다. "(일)이 무엇인지?"와 "(무)가 무엇인지?"를 정확하게 이해하는 것이 천부경의 해석에서 가장 중요한 일이다.

천부경은 해석할 때에 문자를 보면서 해석하면 제대로 그 뜻을 이해할 수가 없다. 천부경은 자연현상을 표현한 문장이므로 자연의 현상을 잘 관찰하면서 해석해야 한다. 한 글자를 해석하려면, 그 뜻은 전체 문장에서의 사용하는 뜻과 일치하게 해석하는 것이 맞다.

(일)과 (무)는 2개가 아닌 1개

천부경의 2번째 문장에서 '석삼극'이란 구절이 나온다. 그 다음에는 '대삼합육'이 나오는데, '3개가 나누어져서 6개가 만들어진다'는 뜻으로 해석한다. 계속 쪼개지는 것이다. 그러면 3개로 나누어지기 전에는 (일)과 (무)가 2개가 있지만, 또 그 이전에는 1개였다는 추론이

가능하게 된다.

그럼 사물의 이치를 생각해 보자. 남자와 여자가 2사람이지만, 여자와 남자가 따로 산다면 후손을 만들지 못하므로 1개의 가족을 이루어야 한다. 1개를 만들어야 자연의 섭리를 거스르지 않는다.

생물이 변천하는 과정에서 보면, 처음에는 무성생식을 한다. 암수의 성적 구별이 없다. 1개의 개체가 끊임없이 자신의 유전자를 복제하면서 2개로 불리고, 또 4개로 불린다. 그러다가 이러한 단순한 기능을 세분화시켜서 암수가 만들어진다.

암수의 성적 기능이 발생하는 진화적인 이유가 있을 것이다. 생물의 개체가 복잡해지면서, 모든 기능을 한 곳에 담아두기에는 너무 크기가 커지고 생존에 오히려 불리했기 때문이었을 수도 있다. 자세한 사항은 다음 책에서 논의하겠다.

이 부분은 창세기에서 아담의 갈비뼈를 취해서 이브를 만드는 과정을 의미한다. 창세기의 기록도 고대의 지혜를 담은 문장이다. 반드시 그렇게 되었다는 뜻은 아니고 과정에 대한 상징적 표현이었을 것이다. 내가 어렸을 때는 교회에 다니는 아이들은 실제로 여자는 남자의 갈비뼈로 만들었다고 믿는 아이들이 많았다.

(일)과 (무)는 따로 움직이지 못한다.

천부경의 '일시무시일'은 (일)과 (무)가 절대로 따로 움직일 수 없다고 정의한 대목이다. 사람이 인체를 가지고 있지만, 인체를 상징하는

(일)이 마음을 상징하는 (무)가 없다면 살아있는 사람이 아니게 된다. 한 곳에 둘 다 존재하기 때문에 인간으로 살 수 있는 것이다. 마찬가지로 마음만 존재하면 아무 일도 할 수가 없다. 마음이 움직일 수 있는 도구가 없으니 살아있는 것이 아니다.

별개로 해석되는 존재이지만 한 개로 뭉쳐져야 존재할 수 있는 것이 인간이다. 이것은 동물도 식물도 심지어는 굴러다니는 돌까지도 마찬가지다. 각각의 개체에는 물질뿐만 아니라 물질에 포함된 무형의 존재가 함께 있다는 것이다. 이것이 "모든 만물에는 신이 존재한다"는 샤머니즘의 기본 이론과 다르지 않다.

사물이 존재하려면 공간이 필요하다.

사물의 존재는 빈 공간에서 일정한 부피를 확보하는 데서 출발한다. 부피가 확보되지 않았다면 없는 것이나 마찬가지다. 사물의 존재를 의미한다는 (일)은 공간을 확보하는 과정이다. 그래서 처음에는 아무것도 없는 것에서 출발한다.

(일)이 시작한다는 것은 공간에 무언가가 들어차고 있다는 말이면서, 아무것도 없는 것이 무언가가 있는 것으로 바뀌고 있다는 것을 의미한다.

또 다른 존재가 필요하다. (무)의 존재 이유

여기서 우리는 또 다른 방향으로 생각을 해야 한다. 그런데 "(무)가 왜 시작할까?"이다. (일)이 모든 것을 해결할 수 없다는 뜻으로 해석되는 것이다.

자동차는 누군가의 설계에 의해서 만들어진다. 자동차가 스스로 만들어졌다는 생각을 하는 사람은 아무도 없다. 각각 역할을 달리하는 수많은 기술자들에 의해서 한 개가 만들어졌다. 기술자들은 우리가 보는 자동차에서는 보이지 않는다. 눈에 보이는 모든 것들은 눈에 보이지 않는 수많은 노력들을 결합하면서 만들어진다.

빈 공간에서 무언가가 채워지고 있지만 보이지 않는 무언가가 있다는 뜻이다. (일)이 나타나고 있는 것이다. (일)이 나타나게 하는 존재가 (무)다. (일)은 존재하려면 (무)가 필요하고, (무)는 (일)을 통해서 존재를 드러낸다.

(무)도 서로 협력한다.
영혼의 경험에서 언급했던 바와 같이, 한 차례의 환생과 다시 돌아오는 것을 경험한 나의 어머니는 돌아왔던 집에서 다른 여자분들의 도움을 받고 있었다.

아마도 그분들은 종교적인 의미로 말한다면 천사들이었을 것이다. 영적인 도움을 받고 있는 것이다. 인간의 영혼은 언제나 같은 생각을 공유하는 영혼들끼리 소통하는 것으로 보인다.

죽었다가 다시 살아난 스님의 예에서 풍악을 울리며 화려한 옷을 입은 여인이나 환경을 보는 것은, 영혼이 자신이 염원하던 것을 볼 때 나타나는 현상이다. 자신이 언제나 염원하는 것을 보면 실제로는 평범한 존재이지만 화려하게 보이는 것이다. 그리고 방심하면 그곳이 어떤 곳인지 알아차리기도 전에 빨려 들어간다. (무)는 생각이 같은 존재들끼리 모여 산다. 생각이 다르면 서로를 좋게 보기 어렵다.

(일)과 (무)의 물리적인 성격

(일)과 (무)는 3차원의 현실세계에 존재하지 않으므로 아무런 물리적인 성격을 가지지 않는다. 그래서 측정이나 관측이 불가능한 존재다. 굳이 말하자면 (일)은 나중에 공간을 차지하는 존재가 되므로 공간이 없는 진공으로 표현될 수 있을 것이다.

(무)는 나중에 대표적으로 빛의 중심에 자리 잡게 되므로 빛으로 나타나기 바로 전의 상태라고 할 수 있다. 아무것도 없다. (무)는 물리적인 존재가 아니므로 굳이 표현하려면 신념과 의지와 같은 마음의 작용으로 표현될 수 있다.

(일)과 (무)가 작용하는 방식

(일)이라는 인체에 (무)라는 영혼이 거주한다.

　인간이 살아있다는 사실은 영혼이 인체 속에서 살아있다는 말이다. 사람의 죽음을 경험했던 앞의 4가지의 예는 내가 직접 경험한 실화다. 한 가지만 덕망 높은 스님의 일화를 차용해왔다.

　(일)인 인체가 중요한지, 영혼인 (무)가 중요한지는 따질 필요가 없다. 둘 중 하나만 없어도 우리는 생존하지 못한다. 차이가 있는 점은 (무)는 영원히 생존할 수 있는 존재란 것이다.

　그러나 (일)이 없다면 (무)가 진동을 일으킬 수가 없으므로 (무)가 살아있어도 살아있는 존재가 아니라는 점이다. (무)가 없는 (일)이나 (일)이 없는 (무)는 아무것도 할 수 없는 불완전한 존재임에는 틀림이 없다.

(일)과 (무)가 가장 자연스럽게 만드는 존재가 빛이다.

뒤에서 언급될 예정이지만 우주에서 입자나 원자를 만들려고 하면 높은 압력과 온도를 필요로 한다. 중력을 이용하여 많은 (일)과 (무)를 한 곳에 우겨 넣지 않으면 만들 수가 없다.

그러나 빛을 만드는 데는 (일)과 (무)가 스스로 가진 고유의 힘만으로도 만들 수 있다. (무)가 의지를 가져야 하지만, 입자를 만드는 데 필요한 고온과 고압에 비할 바는 아니다. (일)과 (무)가 빛이 되려면 많은 수가 필요하지 않다. 차가운 우주의 온도에서도 (일)과 (무)의 1개씩만 있어도 만들어진다.

(무)와 (일)은 단계적으로 성장한다.

(일)과 (무)가 3차원의 세계에 모습을 드러내려면 갑자기 커다란 존재로 나타나는 법은 없다. 처음에는 물질의 임계치를 넘기지 못하는 혼란스러운 상황에 놓여 있다. 그러나 천신만고 끝에 임계치를 겨우 넘기는 상황으로 간다. 우주에서 아주 작은 존재인 양자가 태어나는 것이다. 그러다가 자체적인 중력으로 인하여 서로를 보완하기 위하여 모여드는 같은 종류의 (일)과 (무)에 의해서 합해지고 커진다. 원자가 되고, 분자가 되고, 세포가 만들어지고 커져간다.

인간의 신체를 움직이는 (무)의 에너지가 만들어지려면 거대한 정신적인 존재가 만들어져야 한다. 인간의 정신적 존재는 1개의 단순한 존재가 아니다. 여러 개의 정신적인 존재가 함께 뭉쳐지면서 조합된 존재다.

어떤 세력이 장악하느냐에 따라서 인간의 마음은 달라질 수 있다. 신념이 확고하지 못하다는 것은 마음의 존재가 한 가지의 통일된 지도력을 확보하지 못했다는 뜻이 된다. 이런 상황은 수행이라는 방법을 통해서 얼마든지 통일이 되고 조정이 가능하다.

(일)과 (무)는 스스로 변하면서 3차원의 세상으로 옮겨간다.

영혼과 마음은 같은 존재이다. 영혼이 변해서 마음이 되는 것이다. '죽었다가 다시 살아난 스님'의 예에서 보듯이 인체와 같이 있으면 마음이고, 인체를 떠나면 영혼이다.

영혼인 (무)가 마음인 (본)이 되려면 인체를 가져야 한다. 인체는 진공상태인 (일)이 3차원 세상으로 나타나는 방법인 (음)과 (양)으로 분리하고 성격을 바꾸면서 만들어진 존재다.

(+)가 있으면 (-)가 있어야 진공이 되듯이, 진공이라고 하는 (일)은 진공이라는 성격과는 전혀 다른 (양)과 (음)을 만든다. 특히 (양)과 (음)은 절대로 반대되는 성격을 표현해야 한다. 그렇지 않으면 3차원의 세상에 나타나지 못한다.

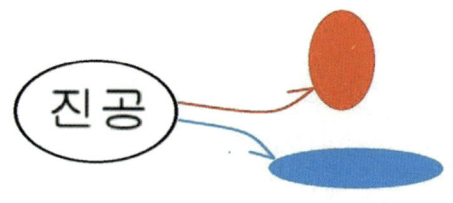

이 세상에는 언제나 선과 악의 상반된 성격이 존재하는 것과 같다.

착한 마음을 가진 사람이 있다면 악한 마음을 가진 사람이 존재할 수밖에 없다.

선과 악이 뭉쳐지면서 빛을 만든다.

천부경의 이러한 음양의 논리를 적용해서 생각해 보자. 지극히 선한 사람이 존재하는 세상이라면, 반드시 지극히 악한 사람은 존재한다. 만약에 악한 사람이 존재하지 않는 세상이라면, 그 세상은 덜 선하고 덜 악한 사람이 다수가 존재하는 세상일 가능성이 높다. 선과 악의 사이에 존재하는 괴리가 크지 않은 세상이라고 볼 수 있다.

세상은 이러한 묘한 균형 속에서 살아간다. 아무것도 없던 세상에서 극단적인 성격이 함께 생겨남으로써 역동적인 변화가 만들어진다. 우주가 살아 숨 쉬는 모습이다. 이것은 신과 하느님이 선호하는 우주가 될 가능성이 많다. 적극적으로 의지를 투사하고 생산물을 만드는 것은 신의 존재를 드러내는 작용이기 때문이다. 이러한 변화가 많은 환경에서 밝은 빛이 만들어지고 물질이 창조되는 것이 세상의 근본적인 모습이 될 것이다.

선과 악의 균형이 무너진다면 둘 다 사라진다.

(일)과 (무)가 변신해서 만들어내는 세상은 서로 반대되는 성격이 조화를 이루어야 하는 세상이다. 그러나 반대되는 성격의 차이가 크지 않게 된다면, 아무런 변화도 일어나지 않는 무료하고 밋밋한 세상이 될 것이다.

(+)와 (-), 그리고 선과 악이 조화를 이룬다면, 선은 악으로부터 선

을 지키기 위하여, 악은 선을 향한 질투의 그림자를 드리우기 위해서 움직여야 한다. 그러는 동안은 활력과 빛은 사라지지 않는다.

조화를 이루지 못하고 한쪽이 모든 것을 장악한다면, 모든 것을 다 가졌다고 생각하는 그들도 조만간 사라진다. 세상에 에너지를 공급하는 중요한 활동이 사라졌기 때문에 세상에 공급되는 에너지가 고갈되었다. 이것이 천부경이 말하는 세상의 진리다.

끊임없이 갈등하는 세상의 이치를 빛이라는 작은 광자가 말하고 있다. 갈등은 밝은 빛을 만드는 과정이다. 갈등이 없다면 빛도 없을 것이다. 이러한 이론적인 배경이 어떻게 현실에서 물리적으로 표현되고 있는지는 이후부터 살펴볼 것이다.

서로 다른 세상은
차원이 다르다

수십 년 전만 해도 밤하늘에 보이는 달에 사람이 갈 수가 없었다. 상상만으로 계수나무 밑에서 토끼가 절구 찧는 것을 생각했다. 달나라에 가고 싶다는 생각도 했다. 그러나 도저히 갈 수 없는 곳이었다.

그러고 나서 불과 50년이 지났다. 인간의 문명은 비약적으로 발전했다. 인간은 우주선을 만들어서 며칠이면 달에 갔다가 오는 세상이 되었다. 이전에는 전혀 꿈도 꿀 수 없는 일들이 이제는 '가능하구나!'란 생각을 하게 된다.

이런 것을 두고, 우리는 "불과 50년 사이에 세상은 차원이 달라졌다"고 말한다. 이전과 현재의 사이에는 전혀 관련이 없는 완전히 다른 세상이 되었다는 뜻이다.

인체와 영혼이 사는 위치는 차원이 다르다.

인간이 살면서 생각하는 세상을 3차원이라고 한다. 공간을 가지고 있고 차원이 바뀌지 않는다면 공간의 한계를 벗어나기는 불가능하다. 10리만 떨어져도 한참을 걸어가야 한다.

인간의 신체와 영혼은 사는 세상이 완전히 다르다. 비록 영혼은 마음이란 존재로 변신을 하여서, 신체에 들어와서 인체의 주인 노릇을 하고 있다. 하지만 마음이 거주하는 자리는 인체라는 3차원의 존재에 속한다.

영혼은 인체와는 완전히 다른 곳에서 존재한다. 영혼은 (0)차원의 공간에서 거주한다. 인체에 존재하게 되는 마음은 3차원의 감각을 그대로 가지지만, 영혼은 (0)차원의 감각을 그대로 가진다.

인체의 5감은 물리적인 존재들만 느낀다.

인간이 아는 세상에서 5감을 통해서 인식하는 모든 것들은 물리적인 성격을 보유한 존재들이다. 인체가 3차원의 존재이므로 3차원에서 일어나는 소리와 모습과 냄새와 촉감 등은 3차원의 세상에서 모든 것이 연결되고 느낄 수 있다.

그러나 소리를 들으려고 한다면 가청주파수를 벗어나면 들을 수가 없다. 빛을 보려 하여도 가시주파수를 벗어나면 볼 수가 없다. 볼 수는 없어도 기계장치로 측정은 가능하다. 이와 같이 인간이 직접 느끼지는 못하지만 간접적으로 감각하는 모든 수단들은 3차원의 존재에 속한다.

영혼을 보려면 3차원의 감각이 아닌 마음의 감각으로 본다.

인체의 눈으로는 영혼을 볼 수가 없다. 그러나 영혼이 존재하지 않는다고 할 수는 없다. 그 증거는 앞에서 여러 번 언급되었다. 인체와 영혼은 서로 다른 세상에 존재한다. 즉 차원이 다른 곳에 있다. 단지 마음은 두 세상에 걸쳐서 존재할 수 있기 때문에 양자에 걸쳐서 존재하는 양자적 존재다.

그러나 모든 사람의 마음이 영혼을 볼 수 있는 것은 아니다. 선천적으로 볼 수 있는 사람도 있지만 볼 수 없는 사람이 대부분이다. 훈련을 받으면 가능하게 되지만, 역시 모든 영혼을 볼 수는 없다. 자세한 이야기는 다음 책에서 나올 내용이다.

영혼은 마음과 연결되고, 마음은 영혼의 에너지를 끌어올 수 있다.

마음과 영혼은 같은 존재이지만, 영혼은 마음으로 변신하더라도 (0)차원에는 영혼의 껍질은 여전히 존재하게 된다. 마음이 인체의 감각에 파묻혀서 길을 잃는다면, 영혼은 언제나 마음에게 공허한 신호를 보낸다.

수행을 통해서 알게 되는 현상이지만, 인간이 마음으로 생식에 관한 상상을 한다면, 생식에 관련된 영혼들이 몰려온다. 돈과 관련된 상상을 한다면 돈에 한이 사무친 영혼들이 몰려든다. 그 영혼들이 실제로 돈을 벌 수 있거나 생식의 능력이 뛰어난지는 별개의 문제다.

과학기술을 발전시키려고 애쓰는 과학자들에게는 그에 알맞은 영혼들이 몰려간다. 진실한 마음으로 좋은 세상을 만들고자 한다면 그에 맞는 밝은 영혼들이 몰려온다.

 인간의 마음이 세상을 움직이는 방법이다. 간절한 갈망은 그 마음에 맞는 영혼의 에너지, 즉 (무)의 에너지를 얻게 된다. 그 사람의 (무)의 에너지가 강한지, 약한지의 상황에 따라서, 성공할 수 있는 영혼들이 몰려오는지, 성공하지 못할 영혼들이 몰려올지가 갈려진다. 인간은 3차원의 세계에 존재하지만 언제나 (무)의 차원과 연결된 자신의 마음과 함께 존재하고 있다.

 천부경에서 '무진본'이라는 구절에서 말하듯이, 영혼과 마음은 항상 연결되어진 관계로 보인다. 우주를 이해하려면 3차원의 세계에서 보이지 않는 또 다른 차원의 문제를 심각하게 들여다봐야 한다.

1차원, 2차원, 3차원

1차원과 2차원과 3차원을 모르는 사람은 거의 없다. 이 책에서는 학교에서 배우는 시각이 아닌 조금 다른 시각을 이해하기 위하여 약간만 비틀어서 생각해 본다.

1차원의 해석
1차원 공간은 선형의 움직임이다. 세상에 일직선상의 움직임만 표현할 수 있으므로 외나무다리를 건너가는 사람의 모습 또는 기다란 호스에 물이 지나가는 것을 생각하면 되겠다.

비켜갈 수 없으므로 앞에서 움직여야 나도 움직일 수 있다. 그러나 1차원에 속한 사람의 입장에서 보면 주어진 현재 상황에서 앞으로 나아간다는 것을 제외하고는 모든 위치를 내가 마음대로 선택할 수 있다.

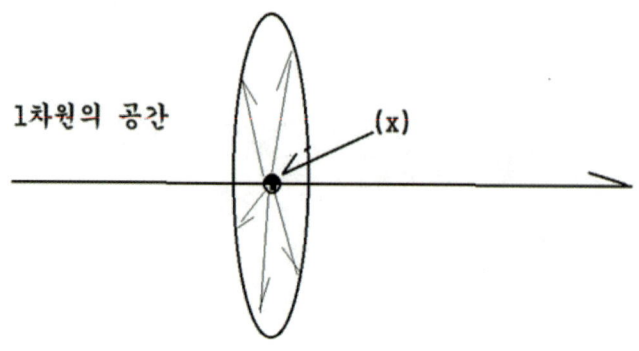

좌표계에서 주어지는 위치는 (x)이지만, 3차원을 기준으로 좌표를 표시하면, (x, a, b), a=0~∞, b=0~∞로 표현한다.

주어진 위치에서 누릴 수 있는 자유는 앞으로 나아가는 것 말고는 모두가 가능하다. 마음은 에너지의 추가 소모 없이 주어진 위치에서 상하좌우의 이동을 상상할 수 있다.

2차원의 해석

2차원이라고 한다면 일정한 평면의 움직임이다. 사각형의 축구장에서 축구를 하면서 움직이는 축구선수들을 상상할 수 있다. 1차원과 비교를 한다면 훨씬 쉬워진 선택을 할 수 있는 입장이지만, 넓은 지역을 모두 즐기려면 부지런히 돌아다녀야 하므로 힘이 많이 드는 세상이다.

넓은 평지를 달리지만, 마음으로 상상하는 아래와 위로의 움직임은 추가적인 에너지 소모가 없다.

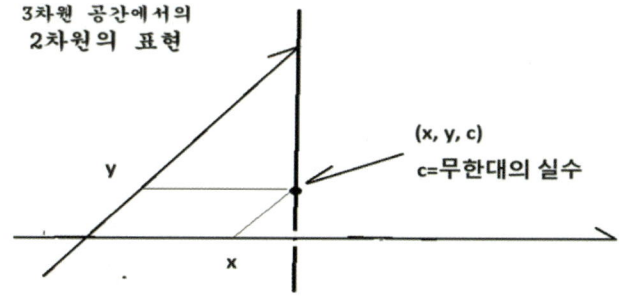

좌표계에서 주어지는 위치는 (x, y)이지만, 3차원을 기준으로 좌표를 표시하면, (x, y, b), b=0~∞로 표현한다.

3차원의 해석

3차원이라면 공간에서의 움직임이다. 우리가 원시적인 상태에서 살아갈 수 있는 공간은 2차원이 최고일 것이다. 3차원에서 산다는 것은 날개가 없는 인간도 공중을 날아갈 수 있는 발달된 과학 문명의 사회이다. 비행기를 만들어서 날아다니거나 우주선으로 다른 별로도 왕복하거나 건물을 아주 높이 지어서 아래층 위층을 오가는 고도로 발달된 사회인 것이다.

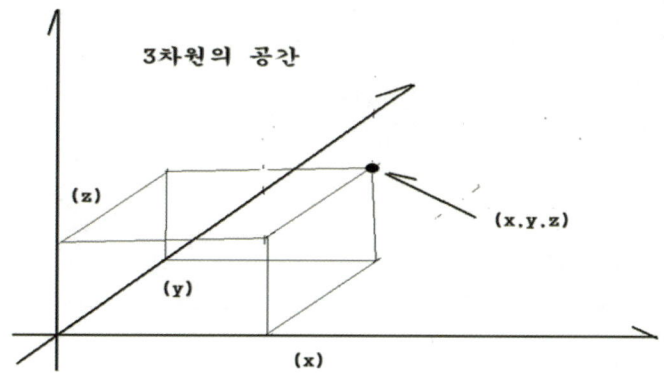

좌표계에서 주어지는 위치는 (x, y, z)로서 x, y, z의 모든 방향으로 내가 나의 의지로 가진 능력만큼 움직인다.

3차원에 고정되어서 움직이지 못한다는 것은 내가 스스로 움직이지 못하는 무생물이라는 뜻이다. 내가 마음대로 움직인다는 말은 나는 자유의지를 가지고 내 의지를 실현할 수 있는 능력을 가진 생명체라는 뜻이다.

반면에 세상에 어디로 움직이더라도 많은 에너지를 사용해야 한다. 내가 능력이 없다면 한 곳에 고정되면서 식물과 같이 꼼짝하지도 못하는 세상이다. 3차원의 세상을 즐기려고 비행기를 타려면 비행기 요금을 내야 한다. 추가적인 에너지 지출 없이는 3차원의 세상을 즐길 수가 없다. 내 마음도 내가 자리 잡고 있는 지역만 볼 수 있다.

[2-9]

(0)차원은 물리적인 존재가 움직이지 못한다

(0)차원은 죽어서 움직이지 못하는 세상이다.

(x, y, z)=(a, b, c)

a=0

b=0

c=0

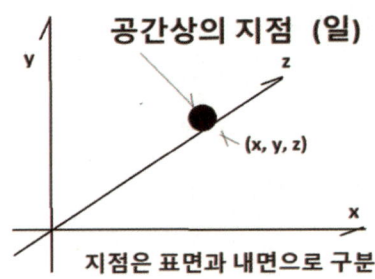

한 점에 고정되어 어떤 움직임도 좌표도 없다. 3차원의 존재가 죽

음에 이른 모습을 표현한다. 3차원의 존재가 죽는다면, 마음을 가진 양자 차원의 생명체가 움직일 수 있는 유일한 존재는 마음이다. 마음은 인체를 떠나면서 이미 영혼이 되었다.

영혼은 (0)차원을 통해서 어디든지 이동한다.

3차원의 존재에서 떠난 영혼은 (0)차원에서는 움직임이 자유롭다.

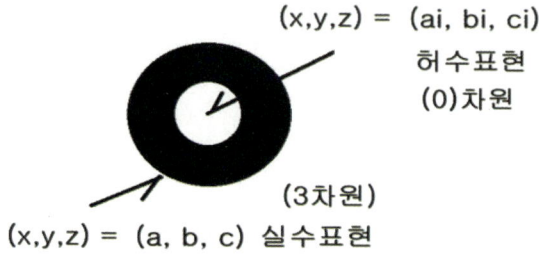

인체를 가졌을 때의 그 마음이 생각하는 대로 영혼은 움직인다. (x, y, z)의 좌표를 가지는 특정한 지점에는 3차원 공간상의 좌표 (a, b, c)가 존재한다.

(0)차원에서는 물질적으로는 죽은 상황이며, 영혼으로는 무한한 자유를 가진 상황이다. 움직이지 못하는 한 점에서의 안과 밖은 2개의 좌표를 가진다. 한 개는 3차원에서의 좌표로 실수로 표현되겠지만, 나머지 한 개는 (0)차원의 위치를 표현해야 하므로 같은 위치이지만 허수로 표현하는 것이 맞을 것 같다.

수학적인 표현이 가능한 것이 없어서 허수로 표현하였지만, -1의 제곱근으로 표현되는 허수와는 다른 것 같다. 나중에 적당한 수식이 만들어져야 할 것으로 보인다.

살아있을 때는 실수에 얽매여 있지만, 죽으면 실수에 얽매이지 않는다. 그래서 a, b, c라는 수치에 허수를 사용하는 것은 적절치 않지만 아직은 표현 수단이 없다.

(무)의식과 (본)의식은 천부경의 언어
(무)의식이다. (무)가 존재하는 영혼의 세계에서의 의식을 말한다. 생명을 가지고 3차원의 공간에서 움직일 때는 위급한 순간에 자기도 모르게 나오는 행동을 (무)의식이라고 생각했다. 3차원의 생명이 죽고 난 뒤에는 이러한 (무)의식은 영혼의 의식이 되는 것이다.

인체를 가지고 있던 때의 마음은 (본)의식이다. '무진본'의 (본)이다. 이 언어들은 천부경에서 시작된 언어로 보인다.

(무)와 (본)에는 샤머니즘 경전의 가르침이 그대로 녹아 있다. 한국인의 문명은 샤머니즘에서 시작되었다는 사실을 우리가 사용하는 언어에서 보여준다.

천부경은 샤머니즘의 경전이다. 그렇다고 종교적인 의도를 주장하는 것은 절대 아니다. 세상은 세상의 필요에 의해서 변해간다. 종교도 인간의 필요성에 의해서 선택되는 문화의 단면일 뿐이다.

마찬가지로 (무)아란 영혼의 세계에서의 나를 말한다고 볼 수 있다. 내가 없어지는 세계가 아니다. 사실상 내가 없어지는 것이나 영혼의 세계에서의 나와는 전혀 다른 뜻이라고 생각된다. 명상을 하는 데 있어서의 방향을 점검해야 할 필요성을 직시하는 용어다.

무당은 언제 어디서나 영혼을 부른다.

무당이란 표현을 사용했지만, 엄밀하게 말하면 양자 차원에서 존재하는 모든 인간은 영혼을 부를 수 있는 능력이 있다. 인간들은 언제나 (0)차원을 이용할 수가 있고, 현재도 이용하고 있다. 앞에서 언급했다시피 간절한 마음은 영혼의 세계를 움직인다.

커다란 신은 아무리 많은 사람이 동시에 찾아도 모두에게 현신하는 데 지장이 없다.

기독교에서 예수님을 부른다던지 불교에서 부처님을 찾게 되면, 수십만 수백만의 신도들이 거의 동시에 부르게 된다. 신들은 각각의 신도들에게 모두 현신하여 주고 인생사의 불평불만을 들어준다. 어느 누구도 나의 기도를 들어주지 않는다는 생각을 하지 않는다.

신은 무한대의 세상인 (0)차원의 세상에 존재하기 때문에 모두에게 현신할 수 있는 것이다. (0)차원의 세상은 공간의 제약이 없다. 단지 문제는 찾는 그 신들이 얼마나 많은 갈래로 분신할 수 있는지가 관건이다. 능력이 약하다면 그 또한 힘들 수도 있다. 그래서 신도들은 열심히 신들이 좋아하는 정해진 좋은 음식들도 바치고 재물도 헌납한다. 자기가 좋아하는 신들의 능력을 기르는 것이다.

그러나 아무리 능력 있는 신이라 하너라도, 인간이 스스로 수행을 해서 갖춰지는 인간의 마음이 가지게 되는 힘을 이길 수는 없다. 현신하기를 바라는 신은 인간이 자신의 (0)차원에서 만들어져서 나타날 수도 있다. 모든 인간은 자신의 마음이 자신의 문제에 대한 한은 훨씬 더 강한 문제해결 능력을 가지고 있기 때문이다.

3차원과 (0)차원이 결합된 것이 양자 차원이다

앞에서 주저리 주저리 이야기를 늘어놓는 통에 자세한 설명을 하지 않아도 이제는 양자 차원이 무언지는 알아챘을 것이라 본다. 중요한 용어이므로 한 번 더 강조하면 3차원의 존재인 물질과 (0)차원의 존재인 영혼이 함께 존재하는 것을 말한다.

온 우주는 양자 차원이 아닌 것이 없다. 인간의 마음은 3차원과 (0)차원을 오갈 수 있는 강력한 양자 차원의 존재다.

제3장
(무)가 양자를 만들고 암흑물질이 나타났다

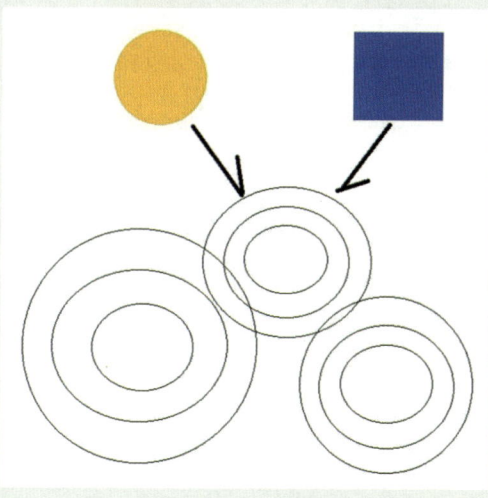

(무)가 진공 속에서 파장을 일으키면서
암흑물질을 만들고 있다.

동양학의 근본은 양자이론

공자의 실수, 3은 있지만 2가 먼저 나섰다.

　동양학이라고 하면, 음양오행과 주역을 거론한다. 음양오행과 주역이 나오기 전부터 샤머니즘의 경전인 천부경은 있었다. 1권에서 언급하였던 바와 같이, 천부경에서 강조하는 것은 우주 변화의 주인공은 (무)다. (무)의 변신에 의해서 모든 상황이 바뀐다고 설명하고 있다.

　(음)과 (양)에 이은 3번째 요인에 의한 변화다. 순서는 3번째이지만, 그 3은 처음부터 3개를 염두에 두고 있었다. 3번째의 요인이 없다면 우주에는 변화도 없다.

　흔히들 운명론을 말하면서 사주팔자로 만들어진 틀을 믿는 사람도 많다. 만들어진 틀이란 2개의 (양)과 (음)을 말하는 것이다. 그 틀을 움직이는 것은 3번째인 마음이다. 마음이 정해진 틀만을 신뢰한다면, 이미 정해진 틀에 맞게 살아갈 수밖에 없을 것이다. 그러나 3번째 요인인 마음을 바꾼다면 정해진 틀도 바뀐다. 마음에 따라서 운명도 바뀔 수 있는 것이다.

3을 중심으로 한 자연의 사상, 샤머니즘

샤머니즘에 의해서 가장 먼저 생겨난 천부경은 이 3을 중시하고 있었다. 이후에 왕조정치를 신봉하는 무리들에 의해서, 본래의 역학을 변형시킨 주역을 만들면서 2를 중시하는 상황으로 이끌어지고 있었다.

개인적인 자유를 추구하는 샤머니즘의 사상에서 자유로운 마음을 제거하게 되면, 수동적으로 움직여야 하는 인체만 남게 된다. 제왕의 명령에 절대적으로 복종하는 인간들로 만들어 가는 것이다.

3을 중시한다는 것은 인간의 마음을 자유롭게 부활시키는 것을 말한다. 그 3은 천부적으로 타고난 것일 수도 있고, 후천적으로 만들어지는 것일 수도 있다. 이 3의 움직임은 우주를 창조하기도 하고, 파괴하기도 한다.

문명의 창조과정은 철학에서 시작한다.

천부경에는 우주 창조의 이론이 담겨져 있었다. 너무도 간단한 언어로 축약이 되어서 우리가 모르고 있었을 뿐이다. 인간의 문명세계는 필요에 의해서 창조된다. 그 필요하다는 의미는 내가 생각하는 것에서 출발한다. 그리고 왜 필요한지를 고민하다가 보면 철학이 나오는 것이다.

내가 무언가에 의해서 생명의 위협을 받는 순간에는 고민이 필요가 없다. 먼저 살고 봐야 한다. 그 다음에는 내가 그 위험한 순간을 다시 마주치더라도 손쉽게 방어할 수 있는 방법을 고민하게 된다. 이것이 철학의 시작이다. 이러한 고민의 결과로 발명이 나오고 새로운 조직이 만들어지면서 문명이 만들어진다. 이러한 문명도 인간이 자유로운 생각을 할 수 있다는 것에서 출발한다.

사람들의 생각이 정해진 틀에 맞춰져서만 살아간다면, 인간은 새로운 생각을 할 수 없게 된다. 문명의 발전이 있을 수 없거나 아주 느린 속도로 진행된다. 심한 경우는 퇴보도 한다.

2의 모습, 공산주의와 제왕의 시대

나쁜 의도를 가진 위정자들은 많은 인간들이 자유로운 생각을 하는 것을 좋아하지 않는다. 그것은 지금도 여전히 진행 중이다. 정해진 틀에 따라서 생각하고 움직이는 인간들은 속이기도 쉽고 부려 먹기 좋기 때문이다.

왕조사회에 맞게 짜여진 사상의 틀이라는 것은, 지식인들을 이용하여, 대부분의 인간의 본성을 제거한 2의 규칙에 따르게 만드는 것이다.

유학 교육을 철저히 받은 조선시대의 선비들이 그런 역할을 했고, 서원을 중심으로 전체 사회를 통제했다.

오늘날은 언론이 이런 역할을 하고 있다. 독재를 선호하는 위정자들과 공산주의자들은 언론을 먼저 통제한다. 언론들이 그들의 의도를 맞춘다면, 인간들의 생각은 역시 잘 짜여진 틀에 갇히게 된다.

이미 100년이 넘는 공산주의의 실험에서, 그리고 500년이 넘는 조선시대의 유교적 사회통치에서, 몰락해 버리는 사회를 이미 경험한 바가 있다.

자유로운 사상은 세뇌된 인간을 거부한다. 2의 사상에 물들지 않은 인간만이 새로운 문명을 발전시킬 수가 있다. 이것은 종교도 마찬가지다. 인간의 생각을 지배하려는 종교는 이미 어둠의 종교로 가고 있는 것이다.

3을 중심으로 한 2의 운용, 양자 차원에서 마음의 역할

(양)과 (음)의 물질적인 존재가 (본)의 정신적 요인이 결합하면서 모든 물질이 만들어졌다. (무)는 이러한 결합의 모든 과정을 주관했다. 그래서 우주에 존재하는 원자 한 개와 우주공간을 떠돌아다니는 유성들도 2의 물질적인 껍질과 3의 정신적 요인을 가진 양자물질이다. 양자적으로 생성되지 않는다면 그 존재는 금방 사라질 것이다. 우주에서 존재할 수가 없다.

물질이 존재하는 물질세계가 3차원이다. 영혼이 존재하는 세계가 (0)차원이다. 3개이지만, 2개인 물질이 움직이는 공간인 3차원과 1개인 영혼이 움직이는 (0)차원의 2개의 포괄적 세계에서, 서로 섞일 수 있는 존재를 만들어낸 것이 마음이다.

물질세계의 3은 2개의 세상을 넘나드는 마음의 존재에 의해서 운용된다. 2개의 관리영역이 양자 공간이고 양자 차원이라고 할 수 있다.

동양학의 문제는 증명과 실험이 없다는 것이다.
음양오행과 관련된 과거의 문서들은 한자로 기록되어지거나 구전을 통해서 전해져 온다. 한자는 의미를 함축해서 표현하는 문자로 자세히 기록하는 것보다는 함축적인 의미로 짧게 표현하는 것이 한자의 임무다.

물질문명이 발달되지 않은 고대에서 절약이 필요했을 것이다. 이럴 경우에는 의미를 전달하는 사람의 생각이 의미를 해석하는 사람들과의 수준 차이 때문에 해석에 오류를 불러올 수도 있었다.

지식의 전수에 문제가 생길 가능성이 높은 것이다. 스승은 높은 수준을 이룬 반면에 제자가 그 수준에 이르지 못한다면, 함축된 의미를 해석해야 하는 문자로 인해서 지식을 제대로 전수받기가 어려울 수가 있다.

높은 수행을 통해서 (0)차원의 이치를 깨우쳐야만 풀리는 부분이 있다면, 그것은 스승이 했던 공부의 과정을 또다시 무한 반복해야 하는 비효율성이 대를 이어서 전수되는 것이 된다. 문명이 발전하기 어려운 구조인 것이다.

그래서 현재 한자로 전해져 내려오는 모든 원문들은 해석이 정확한 것인지를 항상 다시 검증해서 받아들여야 하는 문제가 있다. 필자도 시간적인 여유가 생긴다면 추가적인 노력을 하려고 한다.

**천부경에서 (일)과 (무)가 세상에
처음으로 드러내는 모습은 암흑물질이다.**

(일)과 (무)가 변신하면서 만들어지는 영혼과 물질의 근원들은 어떤 변화를 거쳐서 세상에 마음과 물질로서 모습을 드러낼까?

'일시무시일'이 물질의 시작을 나타낸다. 이 시작에 대한 구체적인 모습은 '태역-태초-태시-태소'라는 개념으로 이미 동양의 사상에서 구체화되어 있었다. 단지 그 의미를 자세히 몰랐을 뿐이다. 이러한 내용을 처음으로 기록한 사람은 고도의 수행을 거친 수행자였을 것으로 추정된다.

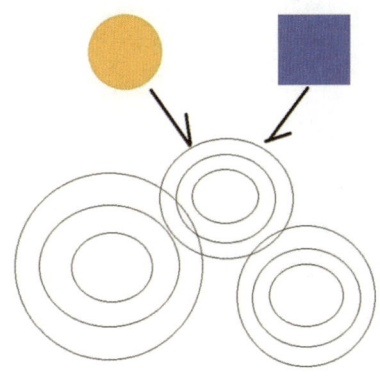

내 생각이지만, 이 원리를 만들어냈던 사람은 마음을 (0)차원의 세계로 보내서 (0)차원에서 쌓여 있는 지식들을 끌어왔는지도 모르겠다.

아마도 처음으로 이러한 개념을 만들었던 사람들은 무엇을 말하는 것인지 알고 있었을 것이다. 자세하게 기록하지 못한 지식은, 수십 수백 세대를 전승해야 할, 지식의 전달에서 스승보다 못한 제자가 최소 한 명은 출현할 수 있었다는 사실에서 한계가 있었을 것으로 생각한다.

(일)과 (무)가 움직인다면 암흑물질이 만들어진다

'일시무시일'은 암흑물질이 만들어지는 과정이다.
물질의 씨앗인 (일)이 타의에 의해서 꿈틀거리기 시작하고, 마음이 될 (무)가 존재하려는 의지를 실현하려고 애를 쓴다면 진동이 시작될 것이다.

진동은 아무것도 없는 빈 공간에서 존재하고자 하는 의지를 표현하는 중이다. 그러나 우주에서 처음 시작하는 물질로서 가장 처음이 된다. 과학자들이 unknown matters란 표현을 사용했듯이 무언지를 잘 모르는 상태이다.

'태역-태초-태시-태소'는 (일)과 (무)가 움직이는 순서
'동의보감 내경편 신형'에 보면 임신의 원리를 동양학적으로 설명하기 전에 '태역-태초-태시-태소'라는 말이 나온다. 이것은 생명이 발생하는 과정을 말하고 있다. 동시에 우주에서 새로운 물질이 생기는 원리를 설명하는 말이다. 천부경의 '일시무시일'에서 '석삼극'에 이르는 물질의 창조과정을 좀 더 자세히 풀이한 내용으로 볼 수 있다.

태역은 아무것도 없는 상태로 기의 움직임이 전혀 나타나지 않는 상태로 표현한다. 아무것도 없다. 움직이지 않는다. (일)과 (무)가 어떤 변화도 없이 조용한 상황이다.

태초는 기가 나타나는 때로 해석되는데, 무언가 에너지의 변화가 감지되기 시작한다고 본다. (무)가 존재하고자 하는 의지가 발생하여서 표현되기 시작하는 단계이다.

태시는 형상이 드러나는 때라고 표현하는데, 태초의 에너지 변화가, 무엇인가의 계기를 마련하면서 에너지가 뭉치고 풀어지는 예비적인 동작을 하고 있다.

태소는 3차원 세계에서 물질적 형상이 보이기 시작하는 때라고 볼 수 있다. 태시에서 움직이던 것이 이제는 아무것도 없는 곳에서 서로 반대되는 성격의 에너지가 뭉치면서 상반되는 물질의 방울들이 나타나는 시기를 말한다.

이러한 상황은 (일)과 (무)는 움직이기 시작한다고 해서 '일시무시일'의 상황이다. 태소에서 (양)과 (음)으로 분리되는 데까지이다. 양자가 만들어지는 과정이다. 이 과정이 지나면 (무)가 (본)으로 바뀌고, (음)과 (양)과 (본)의 3개의 존재가 뭉치면서 광자가 된다.

**현대물리학의 빅뱅은 본래부터 입자가 있다는 가정,
천부경은 입자가 없다는 가정에서 출발한다.**

천부경에서는 처음에는 우주에 아무것도 없었다고 말하고 있다. 그곳에서 물질이 아닌 (0)차원의 개념과 같은 것이 물질을 만든다고 말하고 있다. 그리고 현대물리학에서 잘 모른다고 표현한 암흑물질이 물질계의 시작점이라고 말하고 있다.

아무것도 없는 빈 공간이 우주의 시작점이다. 물질은 광자와 같은 단계에서 보이기 시작한다. 하지만 광자는 스스로의 힘으로 태어나지 못한다. (무)와 같은 강력한 의지가 작용해야만 물질을 만들기 시작한다. 이것이 천부경이 말하는 우주의 시작이다.

현대물리학에서는 빅뱅으로부터 우주가 시작했다는 가설을 많은 과학자들이 지지하고 있다. 이것은 우주에는 본래부터 입자가 있었다는 가정으로 시작한다고 볼 수 있다. 그래서 빅뱅이론이 논리적인 전개를 정당화하려면 초고온과 초고압의 비현실적인 가정이 필요하게 되고, 무리한 상황을 설정할 수밖에 없다.

천부경은 차원의 이해를 통해서 물질을 만든다.

차원을 좀 다른 방향으로 이해한다면, (0)차원의 존재로 인해서 3차원의 공간에서 물질들이 움직이게 되고, 아무것도 없는 진공에서 물질을 만들 수 있는 개념이 만들어질 수 있다.

'태역-태초-태시-태소'의 개념이다. 이 4가지의 순서는 동양의 사상에서 천부경과 함께 세상을 이해하는 기본적인 방식이다. 암흑물질의 생성과 함께 양자가 만들어지고, 입자들이 만들어지는 과정이다. 이로 인해서 3차원의 우주공간에서 물질이 시작된다.

　천부경이 생각하는 물질의 시작은 차원을 넘나들면서 만들어지는 양자 덩어리가 된다. 물질인 양자도 역시 운동에너지가 근원이므로 물질적으로는 아무것도 없다. 그러나 지금부터는 없다는 개념을 망각하자. 우주의 물질적인 세계를 이해하는 데 도움이 되지 않을 것이다.

태역, 아무것도 없다

아무것도 없는 우주다. 움직임도 없고 물질도 없다. 없다고는 하지만 아무것도 없지는 않다. (무)는 통일신라 시대에 오면서 상형문자인 한자로 표기되었다. (無)를 (무)로 읽는다. 없다는 뜻이다. 그러나 저 글자가 없는 것으로 보이는가? (무)는 없다는 뜻이 아니다. 허공에 떠 있는 궁궐 같은 집에 수많은 방이 있다. 거기에는 무언가가 살고 있다.

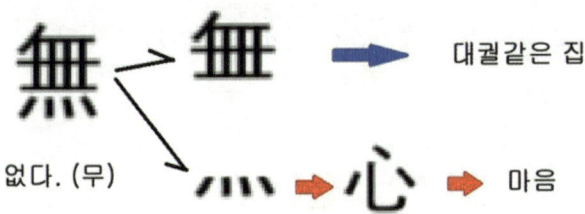

가장 아래쪽에 있는 점 4개는 본래의 뜻은 (불)을 뜻하는 (화)로 보지만, 여기서는 마음을 뜻하는 글자로 본다.

107

의미로 읽는 (무)는 마음 위에 떠 있는 대궐 같은 집이란 뜻풀이가 된다. 마음이 바탕이 되는 비현실적인 그곳에는 무엇이 있을까? 영혼이 있다는 뜻이다. (무)는 단순한 글자가 아니다.

(무)아는 (무)세계에서의 나란 뜻이 된다. 나 자신을 없앤다는 뜻이 아니라, 영혼의 세계와 소통하는 나를 말하는 것이다. 영혼은 불멸의 존재다.

태역의 상태에서 (易)이란 일(日)과 월(月)이 합한 글자다. 일과 월의 2개가 존재하지만 2개가 묶여있다. 2개는 항상 상호작용하고 있으므로 언제나 상대가 있음으로 해서 변화하는 우주를 상징한다.

천부경에서는 (일)과 (무)로 표현했다. (일)과 (무)가 아무런 생각 없이 존재하는 곳이 태역이다. 아무런 물리적인 성격을 보이지 않고 조용히 잠자는 상황이다.

이 상황은 (기)라는 에너지와 비슷한 표현을 쓰지도 않는다. 3차원의 공간에서는 아무것도 없다. 그러나 공간의 어떤 지점을 가정해 보면, 눈에 보이는 것은 없지만 그곳에는 무언가가 있다. 존재하고자 하는 의지이다.

태초, (일)과 (무)가 진동을 일으키면서 나타나는 존재가 암흑물질이다

(무)가 움직이겠다는 의지를 가지면서 마음을 가다듬고 있다. (무)가 의지를 발산하기 시작하면 주변은 잔잔한 파동을 일으킬 것이다. 비행기가 움직이는 것이 레이다에 걸리듯이 무언가가 있다는 신호를 우주공간에 나타낸다. (일)도 함께 움직이기 시작한다.

너무도 약한 움직임이라서 눈에 보이지도 않고, 관측장비로도 측정되지 않을 것이다. 분명히 있기는 하지만 관측은 되지 않는 이런 상황이 물리학에서 암흑물질이라는 용어를 사용하는 것으로 보인다. 이 상황이 천부경에서 말하는 '일시무시일'의 물리학적인 표현이 될 것이다.

아무것도 없는 공간에서 지점마다의 미세한 에너지의 차이가 생기기 시작하면서, 그 차이에 의해서 조금씩 공간이 흔들리기 시작한다.

우리 눈에는 계속 보이지 않게 될 (무)가 눈에 보이게 될 물질의 근원이 되는 (일)을 흔들기 시작한다. (일)이 눈에 보이지 않는 것은 마찬가지다. (일)이 물리적으로 세상에 존재하게 되는 상황을 (양)과 (음)이라고 한다면, (일)은 아무것도 없는 진공의 상황이 (일)이 될 것이다.

움직이지 않으면 아무것도 없지만, 움직이기 시작하면 무엇인가 측정되는 상황이 태초이다. 약하지만 에너지가 측정되기 시작한다.

진공에서의 변화는 에너지 불변의 법칙을 준수한다. (무)에 의해서 발생한 변화가 (+)방향으로 힘이 발생했다면 반대되는 (-)방향으로도 힘이 발생해야 한다. 그러면 (+)방향의 힘과 (-)방향의 힘이 서로 상쇄되어서 질량에 대한 지표는 계속해서 0으로 나타날 것이다. 그러나 움직임에 의한 운동에너지는 측정되어지는 상황이다.

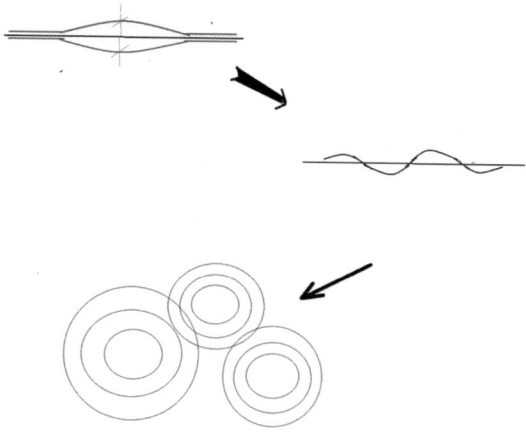

이 과정이 태초이며, 눈에 보이지 않게 "빈 공간에서 요동이 시작

된다"라고 표현할 수 있다. 물리학적으로도 진공요동으로 표현하는 것으로 알고 있다. 이러한 진동이 여러 곳에서 동시에 진행된다면 중첩되거나, 그로 인한 공진현상으로 진동이 증폭되는 결과를 낳게 된다. 그러나 요동은 있지만 아직은 무언가의 결과물을 만들지는 못하고 있다.

천부경에서 말하는 '일묘연만왕만래'가 적용된다. 작은 변화 한 개가 훗날 크고 많은 변화를 만든다는 뜻이다. '일묘연만왕만래'는 모든 변화의 중심이 되는 법칙이다. '일묘연만왕만래'는 '넘치는 작은 힘과 반대되는 부족하게 되는 작은 힘이 물질들을 만드는 큰 변화의 시작이 된다'로 해석하면 될 것 같다.

태시, 움직임이 드러나는 시기를 말한다

    태초에서부터 시작한 진동에너지의 흐름은 비슷한 상황의 움직임이 중복이 되면 진동은 더 커지게 된다. 진공의 밀착된 공간의 틈새는 계속 커진다. 진공의 중심선에서 일정한 거리를 벗어날 정도로 움직인다면 이 파동의 에너지는 현실세계에서 무언가의 실물을 만들 수 있다. 그 기준점을 임계치라고 하자.

    천부경에서 말하는 '일묘연만왕만래'가 여기도 계속 진행되고 있다.

    우주가 변화하는 것은 많은 것이 필요하지 않다. 작은 것들이 겹치고 겹치면서 커진다. (무)가 물리적인 힘을 가진 존재가 아니라서 강한 힘을 가지고 있지는 않다. 대신에 의지를 가진 존재로서 작은 힘이 계속 중복이 되게 만들 수는 있다. 중복이 된다면 크기는 커진다.

(무)가 영혼이면서 절대적인 존재인 하느님이라고 생각한다 하더라도 즉각적인 강력한 힘을 가지고 있는 존재가 아니다. 아주 작지만 일관성 있고 지속적인 에너지를 분출하는 존재라고 생각할 수도 있다. 신념이 강한 자와 신념이 약한 자가 결국에는 만들어내는 결과가 다르다는 것을 생각하면 된다.

빅뱅과 같이 상상하지 못할 커다란 힘만이 우주를 창조하는 것은 아닐 수도 있다. 작지만 (무)가 가지고 있는 신념이 얼마나 강하고 지속적인지가 관건인 것이다. (+)방향으로는 가고자 한다면 (+)의 성격이 뭉치고, (-)방향으로는 가고자 한다면 (-)의 성격이 뭉친다.

그러나 아직은 임계점을 돌파하지 못한다. 같은 것이 뭉쳐서 더 큰 힘을 만들려면 좀 더 시간이 필요하다. 또는 (-)의 덩어리와 (+)의 덩어리가 또 다른 힘의 추가적인 변화가 없다면 금방 사라질 수 있다.

이 상황은 3차원에서는 무언가가 나타났다가 중복되기도 하고, 사라지기도 하는 상황을 반복하고 있는 중이다. 시간을 필요로 하는 단계이다.

공간에서 진공요동이 심해지면 태소로 전환될 것이다.
움직임은 커졌지만, 아직은 시간을 기다려야 하는 태시의 상황이다. 진공에서 벌어지는 진동의 힘이 (+)방향과 (-)방향으로 빈 공간을 찢고 있다.

(+)와 (-)방향의 크기의 합은 0이다. 본래 아무것도 없었기 때문이

다. 3차원의 공간에서 무언가가 보이는 (+)방향으로의 변화가 생기면, 눈에 보이지 않는 (0)차원의 공간에서는 같은 크기의 (-)방향으로의 변화가 일어난다. 진공이 3차원과 (0)차원으로 찢어지는 것이다.

(+)방향으로 100만큼 움직이면 반대로 (-)방향으로는 -100만큼 움직여야 한다. 무언가가 아무것도 없는 곳에서 새로운 것이 생겨나고 있는 것을 말한다.

(+)의 크기가 상한선으로 정해진 규모를 벗어나면 그 변화는 (+)의 크기로 뭉쳐질 것이다. 똑같이 (-)방향으로도 진동의 존재가 뭉쳐져야 할 것이다.

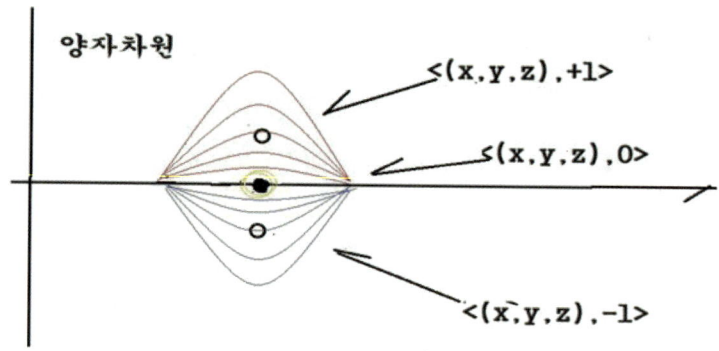

만약에 힘이 조금 약해서 뭉쳐지지 못한다면, 다시 원위치로 돌아가면서 흩어질 것이다. 그래도 아직은 진동이 남아 있으므로 다른 진동이 추가된다면 위의 과정을 다시 반복한다.

양자가 만들어졌다가 해체되는 것이 반복되는 상황이다.

　이렇게 3차원의 공간이 내부적으로 찢어지면서 (+)덩어리와 (-)덩어리를 만들었다가 사라지는 과정을 반복한다. 양자가 공간에서 살아남으려고 요동친다고 볼 수 있다. 여기서 양자라는 용어가 처음으로 등장한다. 아무것도 없는 곳에서 비로소 무언가가 생기고 있으니 물질 중에서도 가장 작은 물질이라고 할 수 있다.

　(+)의 크기와 (-)의 크기의 합은 0이다. 에너지 불변의 법칙이다. 그러나 이 (+)와 (-)의 합은 정확하게 0이 되지는 않는다. 왜 정확하게 0이 아닌지는 다음에 언급될 것이다.

여기까지가 암흑물질이다.
　(일)과 (무)가 우주공간에 존재하기 위하여 발버둥치는 단계이다. 에너지가 나타나므로 질량은 없지만 중력은 나타난다. 물질로서의 특징은 있지만 보거나 측정할 수 있는 단계는 아니다.

　태초가 처음에 진동이 발생하는 단계이고, 태시가 양자가 만들어질 때까지 진동이 뭉쳐지고 사라지면서 크기가 커질 때까지 기다리는 과정이다.

　양자가 뭉쳐진다면 완전히 물질로서 측정이나 관측으로 보이기 시작하겠지만, 지금의 상태는 3차원과 (0)차원을 오가고 있으므로 완전한 물질은 아니다.

태소, 진동이 커지면서 양자가 만들어진다

 (일)과 (무)라는 개념적 존재가 의지를 발생시키는 작은 힘에서 암흑물질까지 만들어졌다. 조금만 더 신념을 가지고 의지를 실현한다면 양자가 만들어지는 임계치를 넘어가게 될 것이다. 임계치를 넘어가는 힘이 가해지면 (+)방향과 (-)방향에서 뭉쳐진다. 양자가 만들어진다. 이 과정이 태소이다.

 (+)양자가 생기면 (-)양자도 생긴다.
 (+)방향으로의 탈출하려는 힘이 중심으로 회귀하려는 힘보다 커지면 (+)방향으로 탈출한 힘의 개체는 자체 스핀을 만들면서 스스로 뭉쳐진다. (+)양자다.

 (-)방향의 힘도 마찬가지로 뭉쳐진다. (-)양자가 만들어진다. 만약에 둘 중에서 하나라도 뭉쳐지는 데 실패한다면 둘 다 사라진다.

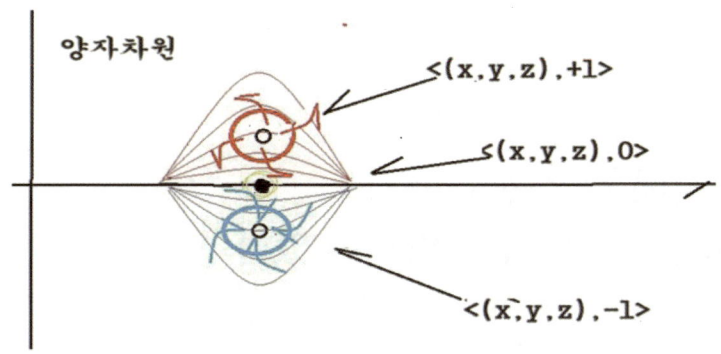

만들어진 2개의 양자는 서로 에너지를 주고받는 관계이기 때문이다. 줄 곳이 없고, 받을 곳이 없어진다면 사라질 수밖에 없다.

분리된 양자는 스핀을 가진다.

(+)양자와 (-)양자가 독립에 성공하면 스스로 회전하게 될 것이다. 스스로 스핀을 만든다는 것은 형체를 갖추려고 한다는 뜻이다. 스핀이 만들어져서 형체가 갖추어지더라도 서로 다른 극성을 가지고 있으므로 끌어당겨서 합하게 된다면 쉽게 풀어질 수 있다. 그러나 이미 양자의 생성과정에서 2개 양자 사이의 거리는 충분히 멀어져 있다. 쉽게 합하지 못한다.

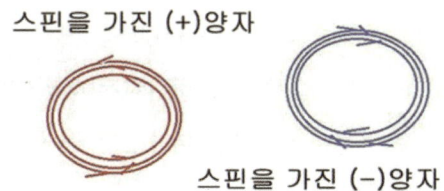

동시에 같은 장소에서
만들어진 양자는 얽힘이 있다

 같은 순간에 같은 힘에 의해서 만들어진 (+)양자와 (-)양자 사이에는 에너지를 주고받는 관계가 된다. 한 개가 내뱉으면 한 개는 받아줘야만 에너지 소비 없이 서로의 관계를 계속 유지할 수 있게 된다.

 이러한 관계는 새로운 다른 양자가 생겼다고 해서 주고받는 관계가 옮겨가진 않는다. 이런 것을 2개의 양자 사이에 얽혀 있다고 볼 수 있다. 이것이 양자얽힘이다.

 얽혀 있는 2개의 양자는 (+)양자가 +10만큼 커지면 (-)양자도 -10만큼 커지게 되고, (+)양자가 오른쪽으로 회전하면 (-)양자는 왼쪽으로 회전하게 되는 관련성이 만들어진다. (-)양자는 흡수하는 성격을 가지고 있다면 (+)양자는 방출하는 성격을 가지게 된다.

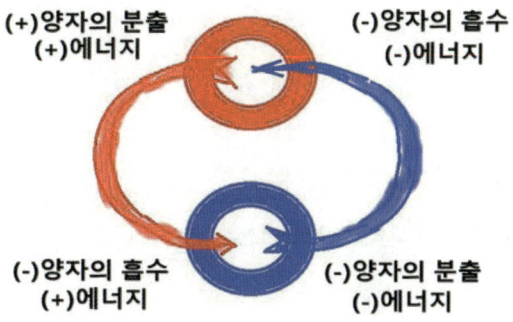

　얽힘관계가 있는 양자가 원자가 되고 분자가 되고, 생명체가 되어도 이런 얽힘관계는 계속된다.

　(+)양자는 (-)양자로부터 에너지를 받아서 분출하고, (-)양자는 (+)양자에 준 에너지만큼 에너지를 빨아들인다. 얽힘관계에 있는 2개의 양자 중에서 한 개가 기능을 발휘하지 못한다면 주고받는 역할을 할 수 없으므로 금방 에너지가 고갈되어 둘 다 없어진다.

　얽힘관계에 있는 2개의 양자는 에너지 보존법칙에 따라서 서로 반대되는 성격을 가지고 있어야 한다.

얽힘의 에너지 이동은
(0)차원을 이용한다

양자얽힘은 에너지를 주고받는다고 했다. 그러나 우주공간 어디에도 에너지를 보내고 받을 만한 통신선은 존재하지 않는다. 양자얽힘 상태의 에너지 이동은 물질이 존재하는 3차원이 아닌 (0)차원의 통로를 이용하는 것으로 보인다. 어떤 경로든 연결되어 있는 것으로 보인다. 이것을 물리학계에서는 웜홀이라고 부르는 것과 비슷하다. 아마도 같은 것일 수도 있을 것이다. 웜홀이 맞다면, 웜홀은 (0)차원에 존재하고 있는 것으로 생각된다.

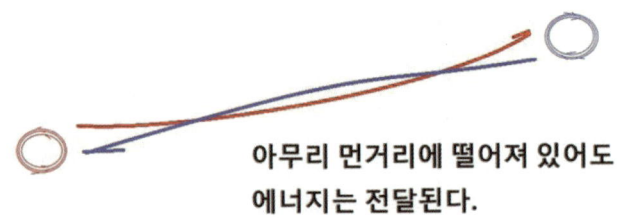

아무리 먼거리에 떨어져 있어도 에너지는 전달된다.

양자가 상호 간에 연결되어 있으므로 얽힘이 있는 양자들이 아무리 멀리 떨어져 있어도 없어지지 않는다고 생각된다. (+)양자와 (-)양자가 3차원적으로 멀리 떨어져 있더라도 (0)차원적으로는 바로 옆에 있는 것과 마찬가지이다.

입자는 3차원의 세계에 존재해도 서로 간의 에너지의 연결은 (0)차원에서 이루어진다. 3차원에서의 인연이 (0)차원에서의 실질적인 연결을 보완하는 상황이 양자 차원의 본모습이다.

이러한 상황은 인간이 이 세상에 존재하는 방법이 그렇다. 인간이 양자 차원의 존재라고 하는 단순한 논리다. 인간만이 아니라 우주에 존재하는 모든 만물이 그렇다.

줄리언 소녀 박사는 끈 이론의 맥락에서 쿼크 반쿼크 쌍이 생성될 때 이와 동시에 소립자 쌍을 연결하는 웜홀이 생긴다는 사실을 밝혀냈다. 이 결과는 중력이 양자얽힘으로 나올지도 모른다는 내용을 내포하고 있다.

제4장
입자가 만들어지고 물질이 창조된다

양전자와 전자가 합해서 만들어지는 기본입자 또는 기본쿼크의 형상이다.

양자가 만드는 움직임

양자가 가지는 질량

우주에서 신념과 의지가 뭉치면서 만들어지는 양자의 덩어리는 스스로의 존재감을 만들기 위하여 스핀이 만들어진다. 스핀은 안과 밖의 경계를 명확하게 구분함으로써 존재를 나타낸다. 처음으로 물질로서 공간을 차지한다.

양자는 생겨날 때 반드시 (+)양자인 (양)과 (-)양자인 (음)의 2개가 한꺼번에 생긴다. 진공에서 무언가를 1개 만든다면 1개는 덜어내야 한다. 에너지 불변의 법칙이다. 이러한 문제를 (-)에너지로 해결한다.

(+)양자+(-)양자=(양)+(음) ⇔ 아무것도 없음
(+100)+(-100)=(0)
(+100과 -100은 의미 없는 가상의 수치)

(+)양자와 (-)양자가 함께 존재한다면 질량은 상쇄되어 0에 가깝지만, 서로 분리되어 멀리 떨어진다면 (+)양자와 (-)양자의 질량은 각각의 크기에 맞는 절대값을 가진 질량이 각각 존재하게 될 것이다. 우주가 만들어질 때도 같은 현상이 벌어질 것이다.

(+)양자=+100 절대값 → +100 질량
(-)양자=-100 절대값 → +100 질량

양자장의 형성, 양자의 인력 범위

(+)양자와 (-)양자가 만들어진다면, 각각에 맞는 에너지의 영역을 표현하는 양자장이 생긴다. 1개의 독립된 양자장도 만들어지겠지만, 여러 개가 모이면 그에 맞는 더 큰 힘의 영역이 표현될 수 있을 것이다. 양자장이 만들어지면 독립된 개체라는 것을 말한다. 이제는 공간에서 존재한다는 것을 의미한다.

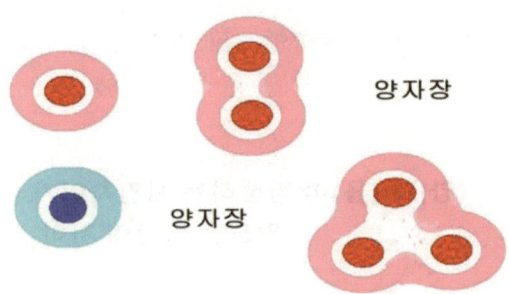

양자장이 만들어지면 (+)와 (-)가 만나건 (+)와 (+), (-)와 (-)가 만나건 뭉쳐지면서 각각이 별도의 힘의 경계를 표현한다. (+)와 (-)가 만나면 고속의 회전운동이 나타나지만, (+)와 (+), (-)와 (-)가 만나면

회전운동이 아닌 고유회전수만 남는다.

인력과 척력은 원심력과 구심력

분출하는 성격의 (양)과 흡수하는 성격의 (음)은 비록 같은 장소에서 탄생했지만 서로 반대의 성격을 가졌으므로 서로 격렬하게 결합하려 한다. 서로 끌어당기는 인력이 발생하는 것이다.

천부경의 '천일일 지일이 인일삼'이라는 구절을 해석해 보자. 양자가 발생하는 순서는 '(하늘)이 의미하는 (+)양자가 먼저 생기고 (땅)을 상징하는 (-)양자가 다음으로 생긴다'로 해석하는데 (양)과 (음)은 동시에 발생하지만 시간적으로 미세한 차이가 있음을 말하고 있다.

이 차이는 (+)양자와 (-)양자가 발생해도 바로 다시 결합해서 없어지지 않도록 하는 작용을 한다. 같은 자리에서 동시에 발생한다면 발생하자마자 없어져 버릴 가능성이 많다. 모든 변화는 아주 작은 차이에서 출발한다.

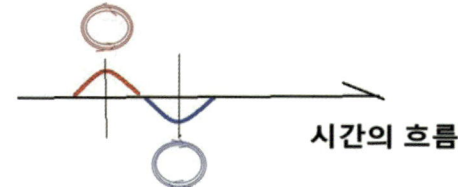

(양)과 (음)이 발생하는 시간차이가 만드는 공간의 차이

시간의 흐름

그러면서 (양)과 (음)의 결합하려는 힘의 방향이 중심에서 서로 어긋나게 되고, 인력으로 서로 접근하려는 방향에서 합해지지 않고 서로 비켜가면서, 자연스럽게 회전운동을 하게 된다. 인력은 구심력으로 바뀐다.

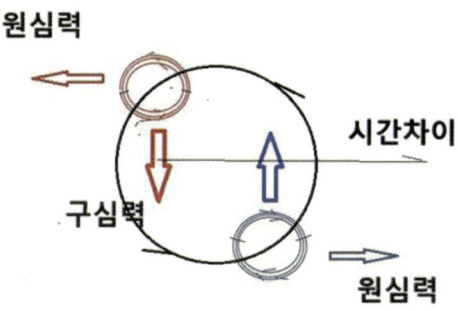

회전하려는 힘은 중심으로부터 도망가려는 원심력으로 작용하게 된다. 원심력과 구심력이 균형을 이루면서 또 다른 회전하는 스핀이 생긴다.

같은 공간에서 시점을 달리하면서 발생한다는 것은 자연스럽게 서로의 거리를 발생시킨다는 뜻이기도 하다. 우주에는 제자리에 가만히 머물러 있는 것은 없다. 한 지점을 지키면서 가만히 있는 것 같아도 우주 전체가 움직이고 있으므로 시간이 흐름에 따라서 위치는 달라진다.

2개의 양자 사이에 끼어드는 힘

(무)가 변한 (본)이 가세하면 빛 또는 입자를 만든다.
 (무)가 주도한 양자의 생성은 (+)양자와 (-)양자가 만들어지기를 기다리고 있었다. 2개의 상반된 양자가 만들어지면, (무)는 (본)으로 변신하면서 원심력과 구심력으로 위장된 채 2개의 양자 사이에 끼어든다. 그리고 2개의 양자가 합해서 사라지지 않는 중간 매개체로서의 역할을 한다.

 인간의 마음은 보이지는 않지만 뇌파를 측정할 수가 있다. (본)은 (무)와 함께 3차원적 모습은 없다. (무)와는 달리 (본)은 3차원의 존재와 접촉하고 있다. 영혼은 3차원을 통제하지 못하지만, 마음은 3차원을 통제할 수 있다.

 (무)는 양자가 생성되고 나면 역할이 거의 없다. (무)를 대신하여 (본)이 그 역할을 담당한다. 그렇다고 (무)가 완전히 사라지지는 않는

것으로 보인다. 인간의 마음이 존재하지만 가끔은 영혼의 모습도 우리 눈으로 볼 수 있고 영감을 얻은 적도 있기 때문이다. 영감은 영혼의 작용이라고 보는 것이 맞다. 글자 그대로 풀이하더라도 영감은 영혼의 느낌이라는 뜻이다.

물리학과 천부경의 접점

물리학의 법칙에 어긋나지 않는 회전 움직임이 나타나면서도 (양)과 (음)의 태극운동에 부합하는 이러한 상황이 물질의 움직임과 천부경이 표현하는 개념이 같은 선상에 있음을 말하고 있다. "원심력과 구심력이 균형을 이룬다면?"이라는 말과 "(양)과 (음)의 사이에서 (본)이 역할을 다한다면?"이라는 말은 같은 뜻이라는 것이다.

지금까지는 2개의 서로 다른 양자가 만나서 광자를 만드는 과정이었다. 입자가 나타나서 쿼크나 전자의 단계로 가려면 자연스런 움직임이 아닌 외부로부터의 추가적인 힘이 필요하다.

(+)양자와 (-)양자가 만나면 광자가 만들어진다

이 부분은 과학적인 근거를 가지고 쓴 부분은 아니다. 아직 과학적인 실험을 거치지 않았고, 단순히 수행을 하면서 얻은 나의 영감을 해석해서 쓴 부분이다.

(+)양자와 (-)양자가 만나게 되면 회전운동을 하게 된다. 원심력과 구심력으로 나타나는 (본)의 에너지는 2개의 양자가 합해서 사라지지 못하는 역할을 한다. (본)의 에너지는 (+)양자와 (-)양자 사이에서 존재한다. (+)양자와 (-)양자와 (본)의 에너지의 3개가 1개로 연결되어져서 한 개로 묶여졌다.

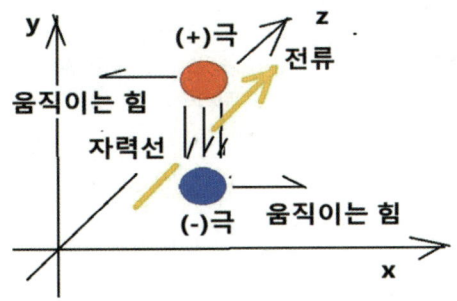

　(+)양자와 (-)양자는 전기와 자기와 같은 역할을 한다. 발전기는 회전하는 N극과 S극의 사이에 존재하는 전류를 정해진 방향으로 몰아간다. 전기가 만들어지는 과정이다.

　물리적인 실체가 없는 (본)의 에너지를 전류라고 생각한다면, (+)양자와 (-)양자의 회전으로 인해서 (본)의 에너지를 정해진 방향으로 밀어버리는 것과 같다. (본)이라는 존재에서 자체적인 추진력이 생기는 것이다.

　쿨롱의 오른손 법칙와 왼손 법칙에서 설명하는 전기의 움직임과 같다. 처음에는 2개의 양자가 회전력을 만들면서 가운데 있는 (본)의 에너지를 밀어주지만, 양자와 (본)의 에너지는 이미 3개가 한 개로 묶여져 있다.

　(본)의 에너지가 진행하는 방향으로 (+)양자와 (-)양자는 끌려가듯이 함께 움직인다. (본)은 발전기에서 전류가 흐르는 철심에 해당하는 역할을 한다.

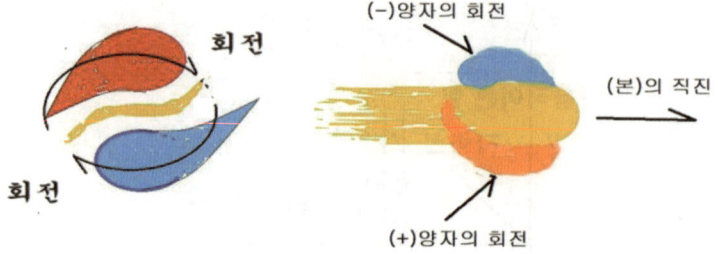

광자가 만들어졌다.

그림에서 보는 태극의 모습은 동양의 음양오행의 사상에서 말하는 태극이 광자가 나타내는 모습과 같다는 것을 의미한다. 태극기에 있는 태극은 빛과 광명을 의미한다.

광자는 (본)이 가는 방향으로 끝없이 따라간다. 인간은 인체와 마음이 함께 움직이듯이 마음이 가는 곳으로 인체는 끝없이 따라가야 한다. 죽음이 마음을 인체로부터 독립시키지 않는 한은 인체와 마음은 한 개인 상황이다.

광자의 상황도 (본)이 가고 싶은 대로 가야 하는 것과 같은 상황이다. 그 움직이는 에너지의 원천은 (음)과 (양)의 회전운동이다.

광자는 극성이 없고 질량도 없다.

이 일체가 된 광자는 (+)양자와 (-)양자가 함께 있으므로 극성이 없는 중성의 성격을 띠고 있다. 2개 양자의 회전하는 회전수는 광자/빛의 주파수가 된다. 빛은 질량이 없다. 그 이유는 별도로 뒤쪽에서 자세히 설명된다.

광자가 만들어지는 위치는 2가지로 구분한다.

광자가 발생하는 조건은 2가지뿐이다. 어떤 것은 에너지의 크기가 엄청 큰 반면에 어떤 것은 새털같이 가볍다. 어떤 것은 크기가 엄청나게 큰 반면에 어떤 것은 아주 작아서 측정조차 어렵다.

양자가 임계점을 겨우 넘기면서 만들어지는 광자가 우주에서 가장 많을 것이다. 이러한 광자는 우주의 어느 곳에서도 만들어진다. 중성미자다.

반면에 감마선과 같은 강력한 빛도 만들어진다. 이런 빛은 (무)의 에너지가 강력하게 뭉쳐진 상황에서 만들어진다. 항성과 같은 별에서 (무)의 에너지도 높은 압력과 온도로 인해서 결합한 경우에 만들어진다. 이 상황에서는 중성미자와 같은 작은 광자는 거의 만들어지지 않는다. 단지 에너지가 큰 광자가 우주공간을 날아간다면 그 영향으로 우주의 빈 공간을 흔들면서 아주 작은 광자인 중성미자를 2차적으로 만들 수 있다고 생각한다.

광자의 크기는 (무)의 크기가 결정한다.

(무)의 에너지가 임계치를 겨우 넘기는 수준이라면 아주 작은 광자가 만들어질 것이다. (무)의 에너지는 결합할 수 있다. (무)의 본성은 다수의 (무)가 결합해서 크기가 커져도 본래 가지고 있던 본성은 변하지 않는다. (일)은 합하거나 나누어지면 본성이 변하므로 본래 가지고 있던 성격을 잃어버린다.

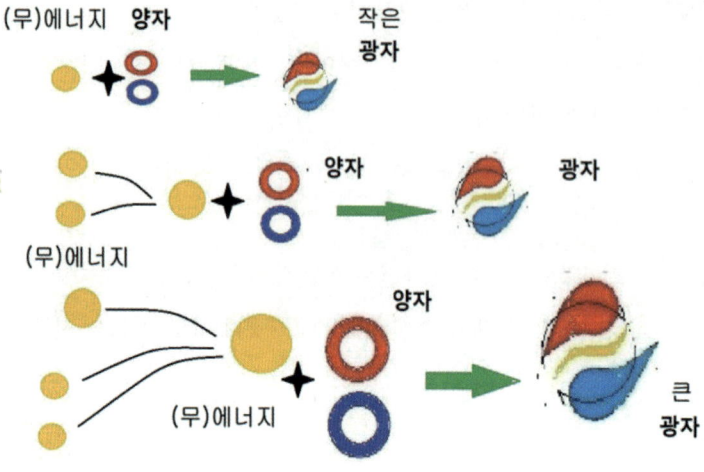

그래서 (일)과 (무)는 (무)의 크기에 따라서 (일)이 크기를 맞춘다. 그렇지 않고 (일)이 먼저 합하면서 (무)를 끌어들이는 상황이라면, (일)은 합하게 되는 크기에 따라서 본성을 바꾸게 된다. 크기의 변화에 따라서 본성을 바꾸게 되면, 전혀 다른 물질로 바뀌게 된다는 뜻이다.

광자를 크게 만들려고 한다면, 이런 경우를 방지하기 위해서 (무)가 먼저 결합해야 한다. (무)는 본성을 그대로 유지하기 때문에 광자가 만들어지더라도 광자의 성격을 그대로 유지할 수 있다. 크기만 달라질 뿐이다.

(무)도 종류가 있어서, 같은 종류끼리만 결합할 것으로 추정된다.
인간의 마음을 살펴보자. 어떤 사람들과는 잘 어울리지만 어떤 사람들과는 잘 어울리지 못하는 경우가 있다. 그래서 정치적으로도 정당이 생겨나면서 서로 피 터지게 싸우는 경우가 허다하다. 서로의 마음이 융합되지 못하는 것이다. 마음과 같은 종류인 (무)도 아마도 비슷할 것으로 추정된다. (무)라는 존재를 엄밀하게 살펴본다면 서로 결합하지 못하는 경우도 있을 것이다.

광자는 스스로 움직인다.
　(+)양자와 (-)양자가 합해서 만들어진 광자의 가장 큰 특징은 스스로 움직인다는 것이다. 그리고 빠르게 움직인다. 빛보다 빠른 물질이 없다는 표현에서 보듯이 가장 가볍고 가장 빠른 물질이다. 질량이 상쇄되어서 0에 가깝기 때문에 빠를 수밖에 없다.

　중성미자는 광자와 같은 종류로 추정된다. 광자의 에너지는 $0eV/c^2$로 추정되고, 광자의 일종인 중성미자는 $2.2eV/c^2$로 추정된다. 중성미자가 더 가볍지만 질량이 더 무거운 이유는 중성미자의 회전수가 광자보다 10^{50} 이상 더 많을 것으로 추정되기 때문일 것이다.

　에너지는 질량에 비례하고 속도의 제곱에 비례한다는 공식에 따른 것이다. 이에 따르면 중성미자는 광자보다 10^{100}배의 에너지 차이를 보일 것이다. 중성미자의 질량이 아무리 가벼워도 움직임이 빠른 물체는 질량을 나타낼 수밖에 없다.

[4-4]

(+)와 (+)의 만남과
(-)와 (-)의 만남으로 입자가 만들어진다

입자가 만들어지려면 고온과 고압이 필요하다.
광자가 만들어질 때는 (+)와 (-)의 만남이므로 정반대되는 극끼리 끌어당기는 힘이 작용하게 된다. 자연에서 만들어질 수 있다.

(+)양자끼리 뭉치거나 (-)양자끼리 뭉쳐져야 할 경우에는 서로를 밀어내는 척력이 작용한다. 밀어내는 힘을 극복하려면 높은 온도와 높은 압력의 상황이 필요하게 된다.

많은 에너지가 추가적으로 필요하게 되므로, 태양과 같은 항성의 내부의 상황까지는 아니더라도 상당히 높은 온도와 압력의 상황에서만 입자들이 만들어질 수 있다.

같은 극의 양자 3개가 결합하여 입자를 만든다.
같은 극의 양자 2개가 뭉쳐질 경우는 다른 극의 양자가 근처에 출현할 경우에는 다른 극성의 양자는 서로 끌어당기고 있으므로 쉽게 허물어져 버린다.

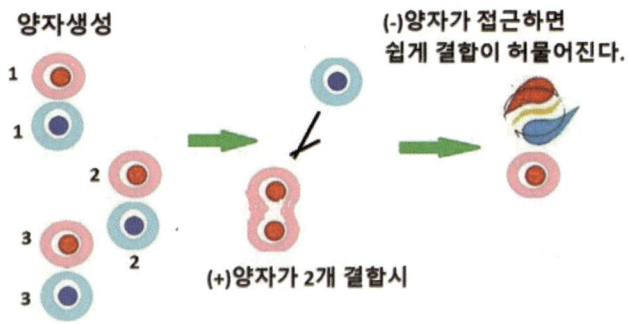

2개의 결합은 광자를 만들 가능성이 많아서 불안정한 결합이다. 광자는 언제든지 도망가 버린다.

같은 극의 양자가 3개가 뭉쳐진다면 3개의 뭉침은 생각보다 에너지 단위가 커지고 결속력도 강하다. 다른 극의 양자 1개가 출현하더라도 결합반응을 하지 않고 종속시키려는 경향이 있을 것이다. 지구가 태양 주위를 회전하듯이 종속시키려 하므로 3개 이상으로는 결합하기 어렵다.

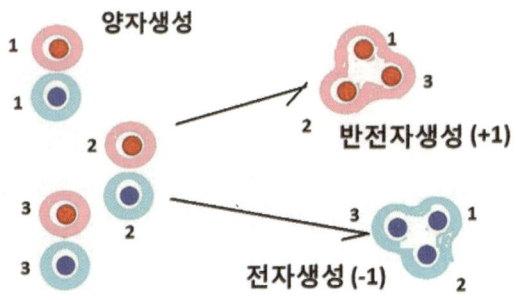

137

천부경에서 '일적십거무궤화삼'이라는 구절을 해석하면 1개씩 쌓아서 3개까지만 중첩되고, 다음은 1개부터 다시 시작하여 3개가 쌓이면, 또다시 1개부터 시작한다는 뜻을 반영하고 있다.

어쩌다가 4개의 같은 극성의 양자가 뭉쳐진다면, 고온고압의 상황에서 2개와 2개로 분리되거나 3개와 1개로 분리되려 한다. 구조적으로 불안해지므로 4개 이상의 결합은 시간상으로 오래 유지되지 못할 것으로 추정된다.

(+)양자 3개가 뭉쳐지면 양전자가 만들어지고, (-)양자 3개가 뭉쳐지면 전자가 된다.

전자의 무게는 $0.511 MeV/c^2$로 추정된다.

다른 공간에서의 양자얽힘
고온고압의 상황에서 (+)양자와 (-)양자가 다량으로 집중적으로 발생하게 되면, 동시에 발생된 (+)양자와 (-)양자는 멀리 떨어진다. 서로 다른 장소에서 발생된 (+)양자와 (-)양자가 더 가까워질 수 있는 상황이 벌어질 수 있다.

다른 장소에서 발생한 (+)양자와 (-)양자가 가까운 곳에 있는 양자와 결합하게 되는 경우가 생긴다. 이렇게 발생된 광자나 입자들은 서로 멀리 떨어져 있어도 서로 간의 에너지 소통은 계속된다.

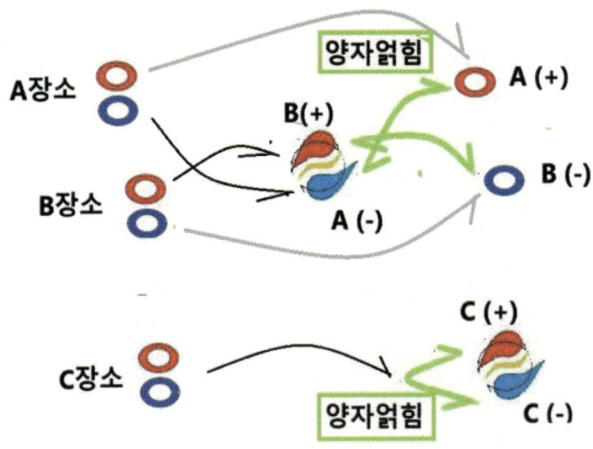

　A의 작은 입자 중 (+)양자와 B의 작은 입자 중 (-)양자 간의 에너지 교환이 가능해지는 것이다. A의 작은 입자와 B의 작은 입자 간의 양자얽힘이 생긴다. A의 작은 입자가 사라지면 아무리 멀리 떨어진 B의 작은 입자도 사라진다.

　반면에 동시에 태어난 서로 멀리 떨어진 (+)양자와 (-)양자가 서로 합해서 사라질 가능성이 낮아진다. 이러한 입자는 거의 무한하게 존재하게 된다.

입자의 시작은 광자 또는 전자와 양전자다.
　서로 극이 다른 양자 2개가 만나면 광자가 되고, 극이 같은 양자 3개가 만나면 전자가 된다. 이 관계는 이후의 입자 구성에서 기본이 될 것으로 생각된다.

　(+)양자 2개와 (-)양자 1개가 뭉치거나 (+)양자 1개와 (-)양자 2개

가 뭉치는 경우는 쉽지 않다. (+)양자 1개와 (-)양자 1개가 뭉치면서 광자가 만들어지면 광자의 회전력으로 쉽게 도망가 버린다.

 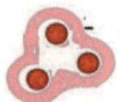

전자(-1)   양전자(+1)

양전자와 전자를 기본으로
쿼크가 만들어진다

천부경의 '일적십거무궤화삼'이라는 이론을 근거로 전자와 양전자가 생성되는 원리를 추정하였다.

이렇게 되면 (+)극성과 (-)극성에서 광자가 만들어지듯이 전자와 양전자가 뭉치면서 쿼크라는 입자가 만들어질 수 있다.

기본쿼크

양전자와 전자는 다시 극성이 다르므로 서로 결합할 수 있다. 이렇게 만들어지는 광자와 비슷한 무거운 입자는 물질의 기본 단위가 되는 쿼크의 기본요소가 된다.

광자 형식을 띤 입자는 질량이 상쇄되지 못하므로 상당히 무겁다. 광자라기보다는 중성을 띠는 입자에 가깝다고 본다. 너무 무거워서 빠르게 움직이지 못한다. 빛과 같이 멀리 가지 못한다.

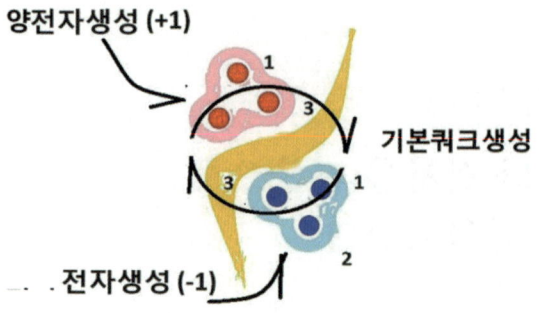

주변의 전자와 양전자를 흡수하면서 변화를 추구하게 될 것이다.

업쿼크와 다운쿼크

앞에서 만들어진 기본쿼크는 강한 인력이 작용하므로 주변에서 소속감이 없이 움직이고 있는 크기가 작은 (+)양자와 (-)양자들을 포획하면서 다양하게 변화할 수 있다. 이들은 현재 물리학에서 말하는 가장 기본적인 입자에 속한다. 이들을 생성하는 데는 강력이라는 힘이 필요하다.

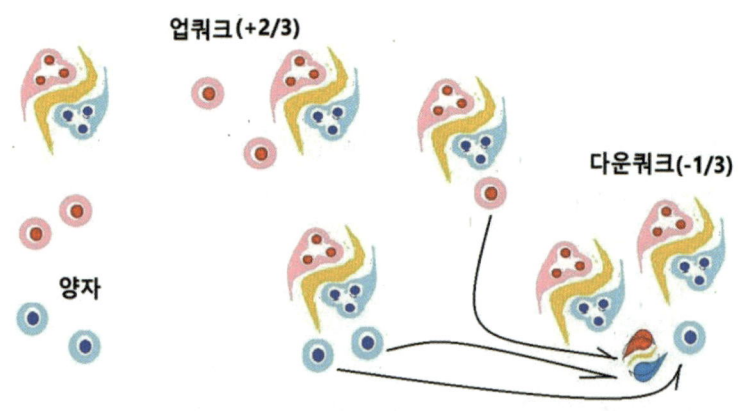

업쿼크는 기본입자 1개와 양자 2개가 합해서 만들어진다. 그래서 전하는 +2/3이 될 것이다.

다운쿼크는 이미 만들어진 업쿼크가 나머지 잔여물들을 이용하여 2차적으로 만들어지는 입자로 보인다. 기본쿼크가 조합되면서 업쿼크보다 크게 만들어진다고 본다.

이때 남아도는 양자는 광자로 만들어지면서 광자의 빠른 속도로 인해서 붙들어 놓지 못하고 날아가 버리고 (-)양자 1개만 최종적으로 남긴다. 그래서 전하는 -1/3으로 만들어질 것이다.

업쿼크의 무게는 1.5-3.3MeV/c^2으로 추정되고 전자 무게의 3배 정도이다. 다운쿼크의 무게는 3.5-6MeV/c^2으로 추정되는데 전자의 무게보다 6배 정도이니 위의 구성과 거의 비슷하다.

만약에 쿼크가 만들어지고 자체 운동량이 생긴다면 그로 인한 에너지의 무게는 차이는 많겠지만 전자의 질량과 차이가 크지 않다. 스핀이 만들어지기보다는 고유회전수를 가진 상태가 된 것으로 보인다.

업쿼크(+2/3)   다운쿼크(-1/3)

입자의 무게와 관계

전자는 9.1×10^{-31}kg $\Rightarrow 0.511$MeV/c^2

업쿼크 1.5-3.3MeV/c^2, 전자의 3배 정도 규모
다운쿼크 3.5-6MeV/c^2, 업쿼크의 2배 정도 규모

광자 0eV/c^2
중성미자 2.2eV/c^2, 전자보다 무겁다. 광자보다 무거운 것은 회전수의 차이에 따른 운동량의 차이로 보인다. 회전수는 10^{50}배만큼 차이가 난다.

쿼크가 만드는 양성자와 중성자

주어진 대로 조합을 하다 보니 양성자보다는 중성자가 먼저 나타나는 것이 자연스럽게 보인다. 그러나 물리학에서는 양성자가 먼저 나타나고 베타 붕괴를 통해서 중성자가 만들어진다고 한다. 중성자가 불안정하기 때문이라고 한다.

중성자의 생성
중성자는 업쿼크 2개와 다운쿼크 1개가 합해서 전하가 0이 되면서 중성의 성격을 가지게 된다.

업쿼크과 다운쿼크가 중성자로 결합하면서 남는 양자들은 전자(-1)와 양전자(+1)로 결합하게 되고, 다시 (무)의 에너지와 함께 기본입자 1개로 뭉친다. 그 외에 남게 되는 양자들은 광자로 바뀐다. 입자가속기에서 충돌실험 시에도 실제로 광자가 발생한다고 한다.

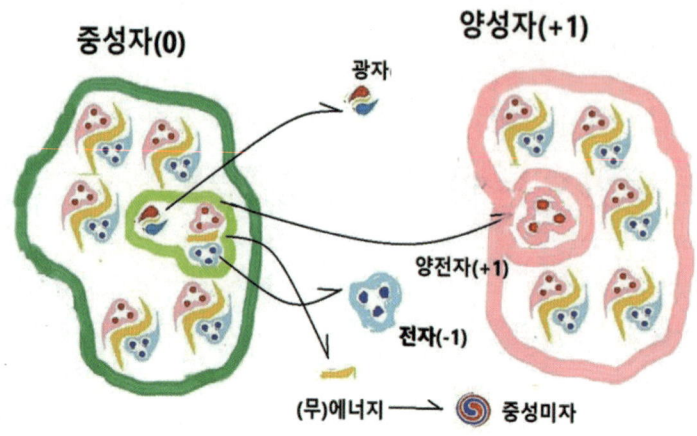

중성자에 남게 되는 광자는 중성자의 기본입자를 파괴하면서 양전자(+1)와 전자(-1)를 다시 분리시킬 수 있다. 양전자(+1)는 계속 남게 되는데 이로 인해서 중성자는 양성자로 바뀔 수 있다. 남게 되는 전자(-1)는 양성자에 묶인 전자가 되어서 중성자로 그대로 남게 되거나 자유전자가 될 것이다.

중성자가 불안정한 이유

쿼크의 결합과정에서 광자가 발생되어 포함되기 때문일 것으로 추정된다. 광자는 자체 추진력이 있으므로 끊임없이 움직인다. 중성자가 만들어지는 과정에서 광자를 포함하고 있다면 중성자를 무너뜨리려 하는 경향을 보일 것이다.

여기서는 중성자가 먼저 만들어지고 중성자가 붕괴되면서 양성자가 만들어지는 것으로 본다. 업쿼크와 다운쿼크가 조합되는 대로 뭉치면 전하가 0이 된다. 그래서 극성이 없는 중성자가 먼저 만들어진다고 보는 것이다.

양자가 입자로 입자가 양성자와 중성자로 결합하려면 추가 에너지가 필요하다.

양자가 광자로 결합할 때는 추가 에너지가 필요하지 않다. 그러나 입자가 만들어질 때나 입자가 양성자와 중성자가 만들어지는 과정은 같은 극성의 척력을 이겨낼 정도의 에너지가 필요하다. 아직은 크기가 작아서 비교적 작은 에너지의 추가로도 목표를 달성할 수가 있다. 크기가 커질수록 필요한 힘의 양은 더 커진다.

양자와 입자들은 크기 작으면서도 부피를 많이 차지하고 있다. 중력으로 입자들을 끌어모아서 밀도를 높이면서 압력과 온도를 높이기에는 한계가 있다. 이 부분의 부족한 에너지는 블랙홀로부터 온다. (무)의 에너지다.

블랙홀의 자세한 내용은 뒷부분에서 다시 언급된다.

양성자가 중성자로 바뀌는 또 다른 과정

반대로 양성자가 전자를 포획하거나, 남는 양전자가 양자로 분리된다면 중성자가 된다. 이 과정에서 필요한 에너지는 물리학에서 보손이라고 표현한다. 천부경의 관점에서 본다면 (무)의 에너지라고 할 수 있다.

**양성자와 중성자가 결합하여 원자핵을 만들려면
중력의 결집을 필요로 한다.**

그러나 그 이후에 양성자와 중성자가 결합하여 원자핵을 만들고자 한다. 양성자와 중성자는 입자들에 비해서 질량이 크다. 부피에 비하여 질량이 많다면, 중력을 높이게 되면 밀도가 이전보다는 더 높아진다. 그러면 자연스럽게 온도와 압력이 더 올라간다. 그래서 강해진 척력을 이길 수 있는 결합에 필요한 충분한 에너지를 공급할 수 있게 되는 것이다.

양성자 정도의 크기가 결합하기 위해서는 상당히 큰 규모의 척력을 극복하는 힘이 필요하다. 이 힘은 블랙홀이 아닌 자체적인 중력으로 조달하게 된다.

양성자들이 몰려들면서 밀집도가 높아지고, 중력이 올라가면서 온도와 압력이 올라간다. 이때에 발생하는 중심부의 압력과 온도는 양성자 간의 밀어내는 척력을 이겨낼 만큼 충분히 강해지는 것이다. 그리고 양성자와 중성자가 결합할 수 있게 된다. 원자핵이 만들어질 수 있게 되었다.

수소원자의 생성

앞에서 만들어진 양성자 1개와 중성자 1개가 다시 결합하면 수소 원자핵이 만들어진다. 다시 원자핵이 전자를 1개 포획하면 수소가 되고, 2개를 포획하면 중수소가 되고 3개를 포획하면 3중수소가 된다. 이것이 수소 원자핵에 기반한 동위원소다. 지금부터는 양자의 세계를 떠난 원자의 세계로 간다.

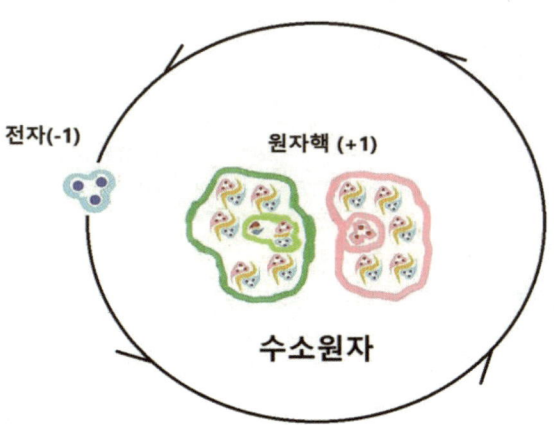

이때에 양성자와 양성자가 결합해도 2개 중에 1개는 베타 붕괴를 통해서 1개는 중성자로 변할 수 있다. 중성자와 중성자가 결합해도 1개는 양성자로 변하면서 수소핵이 만들어진다.

제5장

암흑물질은 양자가 만들어지는 과정에 발생한다

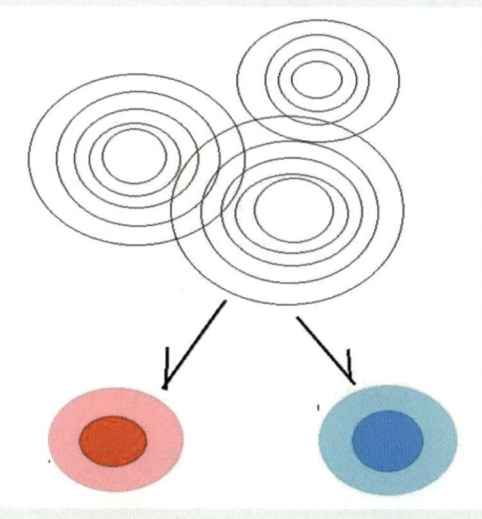

진동에서 (+)양자와 (-)양자가 만들어지는 모습

암흑물질이 발견되었다

은하단의 공전에서 발견되는 암흑물질

1933년 스위스 천문학자 프리츠 츠비키가 머리털자리 은하단을 관측하면서 처음으로 암흑물질의 가능성이 제시되었다. 은하단 중심부에 위치한 은하들의 회전속도는 거의 초당 1,000km에 육박한다.

이는 너무 빠른 속도로 이런 속도를 가진 은하들을 잡아둘 정도가 되려면 상당히 높은 수준의 질량이 은하단 중심부에 위치해 있어야 한다. 하지만 은하단에 존재하는 관측 가능한 별과 가스의 총질량은 턱없이 부족하였다.

광학적인 관측을 통해서 계산되는 은하단의 총질량은 태양의 1~10조 배 정도인 데 반해서, 이러한 운동을 충족시킬 만한 질량은 계산상으로는 태양의 100조 배를 훨씬 넘어가야 한다고 한다.

이런 사실은 관측되지 않는 은하 내부에 많은 질량이 있어야 한다는 점을 시사한다. 이러한 보이지 않는 숨어 있는 질량이 있지만, 무엇인지 정체는 잘 모르겠다는 부분을 암흑물질(unknown matters)이라고 부른다. 만일 암흑물질이 없다면 은하들은 빠른 공전속도로 인해서 은하단을 이루지 못하고 뿔뿔이 흩어져야 한다.

은하단의 충돌 시에도 발견되는 암흑물질

은하단의 충돌과정에서도 암흑물질의 존재를 발견할 수 있다. 총알 은하단은 두 은하단이 정면충돌한 직후의 모습을 보여주고 있다.

충돌 후의 2개의 은하단은 양옆으로 2개의 푸른색의 큰 군집을 이루고 있다. 붉은색으로 표시된 부분은 충돌 후에 푸른색을 따라가지 못하고 충돌하면서 그 자리에 머물러 있는 에너지 덩어리라고 볼 수 있다.

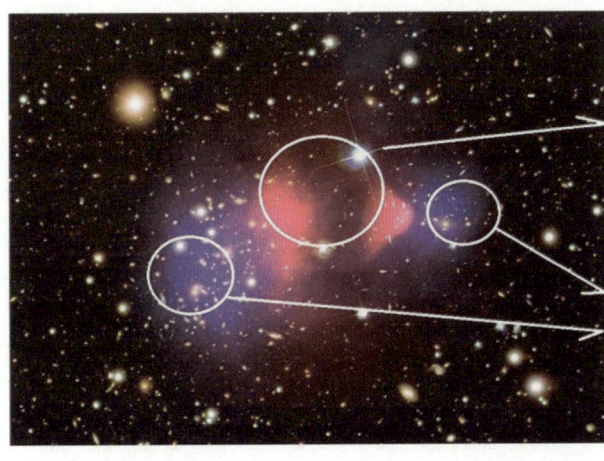

앞의 사진은 중력 렌즈 효과를 통해서 얻어진 은하단 내 전체 질량의 분포 사진이다. 이 분포도에서 파란색 부분은 은하단 내에서 은하들의 위치와 거의 일치하고 있다고 한다. 파란색 부분은 별이나 은하의 고체 부분으로 은하 내의 별이나 행성들은 별 간의 거리가 워낙에 멀어서 큰 충돌 없이 서로를 벗어날 수 있을 것이다.

붉은색 부분은 별들과 함께 은하의 운동을 따라가지 못하고 충돌 지점에 그대로 머물러 있게 되는 것이 있다는 것을 보여준다. 이 사실은 충돌 면적이 높을 수밖에 없는 구름의 형태로 존재하는 관측할 수 없는 물질이 있다고 볼 수 있다.

은하단의 가스보다 더 많은 은하단의 이러한 구성물질은 고체가 아닌 기체 형태의 에너지 덩어리들의 분포라고 볼 수 있다. 이것을 아직은 알지 못하는 암흑물질의 흔적이라고 생각할 수 있다.

은하단에는 눈에 보이는 가스물질의 양을 압도하는 눈에 보이지 않는 암흑물질이 존재하며 항상 은하와 함께 움직이고 있다는 증거가 될 수 있다고 보인다.

암흑물질이 만들어지는 이론적 배경

이론적 배경이라는 것은 천부경의 원리에 의한 추론이다. 물리학에서 밝힌 내용이 아니다.

(일)과 (무)가 움직이면서 만들어지는 진동이 암흑물질이다.
(무)의 에너지는 물리적으로 측정되는 에너지가 아니다. (무)가 존재하고자 하는 의지를 드러낼 때, 3차원 공간에서 (일)이라고 생각되는 진공이 진공이라는 상황을 벗어나기 위해서 요동치는 움직임을 암흑물질이라고 볼 수 있다. 현재 물리학적으로는 이미 실체를 발견한 것으로 추정되지만 이론적 근거가 마련되지 않은 상황으로 보인다.

(무)의 에너지는 (0)차원의 공간에 존재하지만 (0)차원의 진공상태를 3차원의 것인 (+)와 (-)로 찢으려 하게 된다. 이 상황에서는 (무)와 (일)은 (0)차원에서 작용하는 힘이라고 볼 수 있다.

(일)이라는 물질의 씨앗도 3차원적으로는 진공으로 불린다. 아무 것도 측정할 수 없다. 그러나 (0)차원에서는 의미가 있다. (일)이 3차원으로 드러나려면 (무)의 존재하고자 하는 의지에 따라야 한다.

우주의 빈 공간이 찢어지면 (+)양자와 (-)양자를 만드는 물질의 씨앗이 움직이기 시작한다. 만약에 (무)의 의지가 강해서 양자가 발생한다면 물질이 되는 것에 성공한 것이 되겠지만, 의지가 약해서 실패한다면 실패하는 그 상황에서는 진동만 남는다. 이 진동의 움직임을 암흑물질이라고 할 수 있다.

(무)가 의지라면 (일)은 진공이다.
양자가 만들어지는 데 성공한다면 광자와 전자 등의 작은 물질들이 만들어진다. 이것들은 궁극적으로는 (일)로부터 만들어지므로, (일)은 물질의 씨앗이라고 표현할 수 있다.

(일)을 찢는 (무)의 에너지도 (0)차원에서만 존재하고 있다. (무)의 에너지는 3차원의 공간에서는 (본)이라는 모습으로 변신하면서 나타난다.

(일)은 단순한 진공이 아니다. 언제나 (무)과 함께 움직이지만 일대일로 묶여 있는 것은 아니다. (무)는 언제든지 다른 (무)와 합하기도 하고 나누어지기도 한다. (일)의 크기는 (무)의 상황변화에 따라서 언제든지 크기는 바뀌어지는 존재다. 우주의 변화는 (무)가 주도한다고 볼 수 있다.

암흑물질이 서로 충돌하면 외형적으로 변화를 보인다.

존재하고자 하는 신념과 의지와 같은 (무)와 진공으로 존재하는 (일)이 3차원의 방식으로 측정될 리가 없다. 그러나 이런 에너지와 물질들은 우주의 어떤 공간에도 넓게 존재한다. 그곳이 태양과 같은 중력이 아주 높은 곳이건, 아무것도 없는 빈 공간이던 (일)과 (무)의 에너지는 존재한다. 그래서 우주의 어떤 공간에서도 양자와 빛은 만들어질 수 있다. 필요한 것은 (무)의 '존재하고자 하는 의지'만 있으면 된다.

강한 신념을 가진 사람이 있는 반면에 상황에 따라서 흔들리는 약한 신념을 가진 사람들도 많다. 빛은 태양을 통해서만 발생되는 존재가 아니다. 순수한 열망을 가진 수행승의 신념이면 언제 어디서든지 빛은 만들어진다.

(일)과 (무)는 (0)차원의 공간에서 충돌하거나 합하는 경우에도 알 수 있는 물리적인 반응은 없다. 그러나 3차원 세계에서 모습을 나타내기 시작하는 암흑물질의 단계에서는 서로 충돌할 경우에 양자를 만드는 에너지가 커지므로 양자를 만드는 비율이 높아진다. 물질이 더 쉽게 만들어지는 것이다.

암흑물질은 임계치를 넘어가지 못하는 진동의 무리들인데, 비슷한 진동을 일으키는 암흑물질들이 정면충돌을 통해서 서로 합해진다면, 임계치를 넘어가면서 양자들이 더 많이 만들어질 것이다. 그러면 양자로 발전하는 비율은 훨씬 높아진다. 그리고 양자와 빛은 더 많이 발생할 것으로 보인다.

이것은 앞의 그림 총알은하단의 충돌 후 관측 사진을 개념으로 다시 그린 개념도이다. 충돌 후에 서로 부딪힌 자리에 붉은색의 구름 모습을 보이고 있다. 그 부분은 온도가 상승하면서 붉은빛이 나타나고, 무언가의 물리적인 반응이 나타나고 있다.

　온도가 상승한다는 것은 암흑물질 간의 격렬한 반응이 있었다는 뜻이다. 충돌 전에는 보이지 않던 암흑물질들이 충돌하면서, 서로 합해지면서 양자 발생을 위한 임계치가 상승하는 부분이 있다는 뜻으로 보인다.

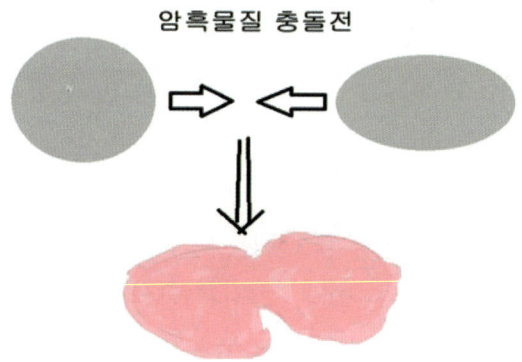

힉스보손과 암흑물질

힉스는 1965년 처음 예측되었고, 2012년 관측되었다. 힉스장에만 관련된 입자다. 기존의 힘과는 다른 종류의 힘이다. 힉스장에서는 입자들은 서로 상호작용할 수가 없다고 한다. 오직 힉스장이나 힉스보손으로만 상호작용이 가능하다.

힉스장은 기본 스칼라장이다.
힉스장에서 힉스보손을 서로 교환하는 기본입자들에서는 입자의 속도가 '끈적하게' 느려진다. 입자들의 속도를 방해하는 것이다.

힉스입자가 크면 속도를 높이는 데 많은 힘이 필요하다. 저항이 있으므로 에너지 소모가 많다고 볼 수 있는 것이다. 힉스장은 힉스보손과 상호작용을 많이 하는 입자일수록 입자가 저항을 많이 받고 속도가 느리게 관측된다.

힉스입자는 스핀이 '0'인 중성 스칼라장이라고 한다. 기본 스칼라
장이다. 힉스장은 진공에서 무언가가 추가로 새로운 것이 생겨나는
것으로 보일 수도 있다.

스칼라장이란 일종의 분포도와 같은 것이다. 2차원과 3차원으로
표현된다.

무언가의 에너지를 공급해 주면 부피가 늘어나야 하지만, 그만큼
에너지 밀도는 빠르게 떨어지므로 힉스입자에 추진력이 생기지 않는
다고 볼 수도 있다.

급격히 증가하는 부피에서 일정한 밀도를 유지하려면 총에너지가
급격히 증가해야 하는데, 그런 것은 없다. 에너지 보존법칙에 위배되
는 것으로 볼 수도 있다는 것이다.

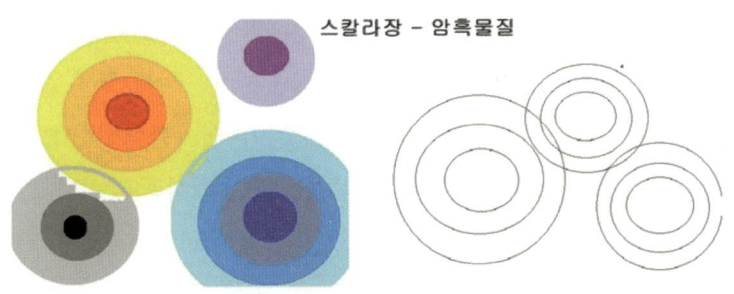

**암흑물질도 스칼라장이지만,
에너지 보존법칙을 위배하지 않는다.**
힉스장의 설명 내용이 천부경으로 본 암흑물질과 가장 유사하다.

천부경에서는 (일)과 (무)가 암흑물질을 만들지만 차원의 분리를 통해서 에너지 보존법칙을 위배하지 않는다.

아무것도 없는 곳에서 무언가의 움직임이 있다는 점은 에너지 보존법칙을 위배하는 것이다. 그러나 양자가 만들어지듯이 (0)차원의 존재를 감안한다면, 에너지 보존법칙을 위배하지 않는다.

외형적으로만 아무것도 없는 곳에서 무언가를 만들어낸다는 것이 비정상으로 보일 수 있을 뿐이다. 양자가 발생하는 앞의 원리를 이해한다면, 비정상이라고 할 수는 없다. 천부경에서 말하는 (무)의 에너지가 무엇인지만 이해한다면 정상적인 현상인 것이다.

(0)차원은 아무것도 없다고 보일 뿐이다.
그러나 (0)차원의 (무)를 고려한다는 것은 양자 차원을 뜻하는 것이 된다. 아직도 인간이 잘 모르는 (0)차원의 규칙이 존재한다고 볼 수 있다.

여기서 언급되는 암흑물질도 힉스장에서와 같이 아주 '끈적하다'고 볼 수 있다. 눈에 보이지 않는 진동이 존재하는 공간에서 어떤 힘이 작용하더라도 기존의 운동을 방해한다. 암흑물질이 우주에 고르게 퍼져 있다면 광자가 진행하는 상황에서도 방해를 받을 것이다.

수많은 시도 끝에
1개의 양자가 만들어진다

양자가 탄생하려면 앞에서 언급한 바와 같이 태역-태초-태시-태소의 4단계를 거친다. 마지막 단계인 태소는 물질의 시초인 양자가 만들어지는 단계이다. 공간이 충분히 찢어지는 임계치를 넘어서는 힘의 작용이 있었다. 그로 인해서 나무에 열매가 달리듯이 양자가 맺혀지는 것이다.

양자가 만들어지기 이전에 벌어지는 태역-태초-태시는 양자가 만들어지기 위한 단계로서 3차원이 아닌 (0)차원과 3차원을 오가면서 양자가 맺힐 듯 말 듯하는 과정을 끊임없이 반복한다. 끊임없이 진동을 일으키고 있는 것이다. 암흑물질의 상황이다.

이 상황은 결코 3차원의 세계에서 보이지 않는다. 양자가 만들어지지 않았으므로 물질의 특징을 가지지 않았다. 그러나 보이진 않지만 3차원 세계의 움직임이 있으므로 중력은 발생한다고 볼 수 있다.

물질인 양자가 만들어지기 위해 필요한 임계치를 넘어가지 못했을 뿐이다.

이것이 암흑물질이라고 생각되어지는 부분이다. 그러나 아직은 진공의 공간이다. 그래서 이 암흑물질이 만들어지는 과정을 진공상태에서 몸부림을 친다고 '진공요동'이라고 표현할 수 있다.

진공요동은 성공한다면 양자이지만 실패한다면 암흑물질은 얼마 안 가서 사라진다. 그리고 다시 요동치는 단계를 만든다. 존재하고자 하는 의지는 실패한다고 없어지는 것이 아니기 때문이다.

암흑물질은 우주공간의 대부분을 차지할 수도 있다. 필자는 실제로 공간의 대부분을 차지하고 있다고 본다.

양자가 만들어지는 확률은 지극히 낮다.
현재 우주에는 양자로 만들어져서 원자로 이루어진 별이나 행성의 비율이 5% 정도라고 한다. 암흑물질은 그 5배에 달하는 25%라고 한다.

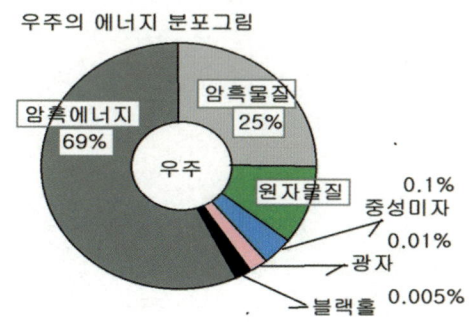

그 외에 현재 물질을 만들고 있는데 성공한 양자인 중성미자와 광자의 비율은 불과 0.11%에 불과하다.

1천 번의 시도 끝에 1개의 양자를 만든다.

정체를 잘 모르는 암흑에너지 69%와 이미 물질로 만들어진 5%의 원자물질을 제외하면, 현재 우주공간에서 움직이고 있는 존재들이 암흑물질이 된다.

암흑물질 25%와 현재 막 생겨나고 있는 0.11%의 광자의 비율은 에너지 기준으로는 1만 번의 시도 끝에 44개의 양자를 만들어낸다고 볼 수 있다.

중성미자와 광자의 0.11%는 양자를 만드는 데 성공하고 있는 양자를 이용한 물리적인 존재들이다. 이것은 에너지를 기준으로 하였다. 실제 움직이는 수량을 기준으로 판단한다면, 실패할 확률을 추가로 감안하여 훨씬 많은 진공에서의 시도가 있었을 것이다.

그래서 최소 1천 번의 시도 끝에 양자 1개가 만들어진다고 추정한다. 암흑물질이 우주의 많은 부분을 차지하는 이유가 이해가 된다.

암흑물질이 말하는 우주공간

우주공간은 엄청나게 바쁘고 경쟁이 심한 세상일 수도 있다.
　우주공간은 비어 있지 않다. 암흑물질이 가득 차 있다. 인간의 감각기관으로 감지하지 못할 뿐, 실제로는 엄청난 에너지의 소용돌이가 우주공간에 일어나고 있다고 볼 수 있다.

　소용돌이가 일어나는 곳은 암흑물질 또는 힉스장이 작용하는 공간으로 보인다. 우주의 본질이 존재를 드러내려는 속성을 가진 (무)의 에너지로 생각되어질 정도로 원소로 만들어지는 물질의 양은 적다. 물질의 양이 많았다면 존재를 숨기려는 시도가 우주의 본질이 되었을 수도 있다.

　고요하게만 보이는 우주는 인간의 눈으로만 고요하게 보일 뿐이다. 인간이 느끼지 못하는 작은 세계와 (0)차원의 세계는 엄청나게 바쁜 세상일 수도 있겠다. 인간만 바쁘게 사는 세상이 아닌 것 같기도 하다.

이 세상 살기가 고달파서 스스로 죽음을 선택하는 사람들도 영혼의 세상이 무지하게 바쁘고 힘들 수 있다는 사실을 안다면 어떤 선택을 할까? 스스로 편하려고 선택하는 세상이 생각과는 달리 엄청나게 바쁘고 경쟁이 심한 세상이라면, 그리고 힘이 약해서 대부분의 숫자가 암흑물질의 굴레에 갇혀 있어야 하는 세상이라면, 오히려 수행을 통해서 새로운 길을 모색하지 않을까?

양자는 항성을 통해서 쉽게 만들어진다.
이러한 사실들은 우주에는 모습을 드러내려는 의지를 가지고 있는 존재가 충분히 많다는 것을 말한다. (0)차원의 세계는 어떤 세상이기에 모두들 3차원으로의 탈출을 꿈꿀까? 아니라면 (0)차원의 존재들 중에서도 극히 일부만 탈출하려는 것인가? 물리학보다는 철학적인 관심이 더 나를 사로잡고 있다.

우주의 빈 공간에서는 (0)차원의 (무)와 (일)이 암흑물질을 거치면서 어렵게 양자로 탄생되고 있는 현상과는 달리, 높은 밀도로 (무)와 (일)의 에너지가 밀집되어진 항성의 중심에서는 어떤 일이 벌어지고 있을까?

중력과 온도가 높아서 (무)의 크기는 모두 크게 변했다. 임계치를 오가는 (무)는 거의 존재하지 않는다. 거기다가 이제는 소수가 되었겠지만, 블랙홀과 연결된 에너지의 통로를 통해서 끊임없이 새로운 (일)과 (무)도 공급되어진다.

고온고압으로 밀집된 상황에서는 (무)의 에너지 여러 개가 한 개로 결합할 가능성이 높다. 밀집한 (무)의 에너지는 그들의 특성에 따라서 합해지면서 크기를 키운다. 크기가 커진 (무)의 에너지는 임계치를 훨씬 초과하므로 암흑물질을 거치지 않고도 양자와 광자를 만들어낼 수도 있을 것이다.

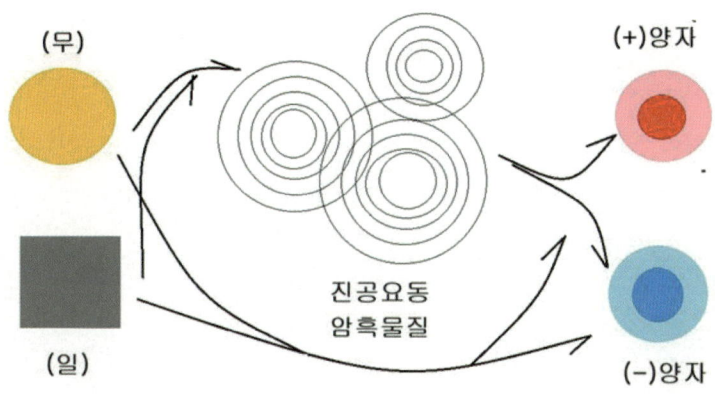

여기서 발생하는 광자는 크기가 대부분 큰 것일 가능성이 많다. 그래서 중성미자는 거의 발생하지 않을 것이다.

제6장

빛은 스스로 움직인다.
그리고 광자는 수명이 있다

빛(광자)이 우주공간을 날아가는 모습이다.

양자는 가장 먼저 광자를 만든다

양자가 광자를 만든다.

　동양학의 '태소'의 단계에서 임계치를 넘어가는 (무)의 에너지에 힘입어 (+)양자와 (-)양자가 만들어졌다. 양자들은 태생적으로 전하를 가지고 있으므로 조용히 있지 못한다. 초기에 밀도가 높지 않은 상황에서 서로 결합하려 하는데 이 상황은 이미 [4-3]에서 언급된 바와 같다.

광자는 스스로 움직인다.

　광자는 스스로 회전하면서 추진력을 만든다. 전하를 가진 2개의 양자가 회전하는 모습은 발전기의 회전자를 회전시키면 철심에서 전류가 발생하는 것과 같다. [4-3]에서 이미 설명된 바와 같다.

빛은 광자로 만들어졌다가 파동으로 사라진다.

　2개의 양자 사이에 (무)가 변신한 (본)의 에너지가 자리를 잡으면서 최종적으로 만들어지는 입자가 광자다. 빛은 광자인 입자와 중간 단계인 가시광선과 파동인 적외선의 의미도 함께 포함된다.

빛은 처음에는 광자로 태어나지만 에너지가 점차 약해지면서 파동으로 사라진다고 볼 수 있다. 광자는 (+)양자와 (-)양자가 회전하는 일종의 껍질이 입자의 역할을 한다. 껍질 사이에 있던, (무)가 변신한, (본)의 에너지가 껍질이 사라진다면 순수한 (본)의 에너지를 표현하면서 파동으로 변해간다.

광자가 무언가의 장애물에 의해서 방해를 받는다면 광자의 회전속도가 느려지면서, 2개의 양자는 서로 다른 극성을 숨기지 못하고 합해지면서 2개의 양자의 서로 다른 극성이 사라진다. 껍질이 사라지는 것이다. 그리고 내부에 있는 (본)의 에너지는 숨을 곳이 없어져서 밖으로 드러나게 되는데, 이 상황이 파동만 남는 상황이 되는 것이다.

이 파동은 주파수이다. 껍질이 없는 주파수는 곧 적외선이다. 적외선은 열을 발산하고 나서, 그 주파수도 역시 사라진다. 여기서 광자가 에너지를 잃고 회전수가 느려지는 과정에서 감마선과 X-선과 가시광선과 적외선 등의 빛의 종류들로 변해간다.

광자의 속도는 초당 30만 km 이하로 떨어지면 더 이상 빛이 아니다.
광자는 스스로 회전운동을 하게 되고, 자체적으로 추진력을 만들어서 날아가는 존재다. 1초당 30만 km를 움직일 수 있다. 광자가 이렇게 빠른 속도로 움직일 수 있는 이유는 질량이 0이기 때문이다.

전자같이 아무리 가벼운 물질을 가속시키려 해도 빛의 속도로 가속시킬 수가 없다. 전자가 질량이 있어서 빛의 속도에 가까워질수록 천문학적인 에너지를 소모해야 하기 때문이다.

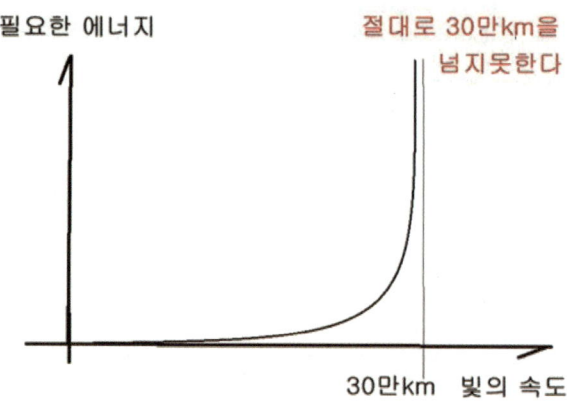

30만 km의 속도는 3차원의 우주공간에서 공간의 의미로는 넘을 수 없는 공간의 한계로 보인다. 빛은 다행히 질량이 거의 0이므로 무한한 속도를 낼 수 있는 것이다. 그렇더라도 30만 km 이상의 속도로 움직이는 것은 공간의 한계 때문에 불가능하다고 한다.

빛의 속도가 왜 불변일까?

광자의 질량은 0이다.
　회전력에 의해 발생되는 추진력에 의한 속도는 질량이 0이므로 무한한 속도를 가질 수 있을 것이다. 어떻게 질량이 0으로 측정될 수 있을까?

　광자의 부품인 (+)양자와 (-)양자는 진공으로부터 만들어졌다. 진공에서 막 분리되는 당시에는 전하가 없으면 분리되지 못한다. (+)가 나타나려면 반대되는 (-)가 있어야 하기 때문이다. 그래서 광자는 진공에서 (+)질량과 (-)질량을 동시에 가지고 있다. 이 상황에서 만약에 완전히 2개의 양자가 분리되었다면 광자는 질량을 가졌을 것이다.

　그러나 양자가 이제 막 분리되는 상황이므로 아직은 2개의 양자 사이에는 에너지의 연결이 원활하고 한 개로 있는 상태나 마찬가지다. 진공 상황의 질량을 아직도 유지하고 있다. 진공은 질량이 없다.

완전히 양자가 분리된 상황이라면 기본적으로 (+)와 (-)가 없는 절대값의 질량이 발생할 것이다.

이후로 어떤 경우에도 이런 상황은 발생되지 않는다. 딱 이때뿐이다. 질량이 0으로 측정된다는 것뿐이다. (+)와 (-)양자는 발생했다. 이렇게 만들어진 질량은 현 상황에서는 0이 될 수밖에 없다.

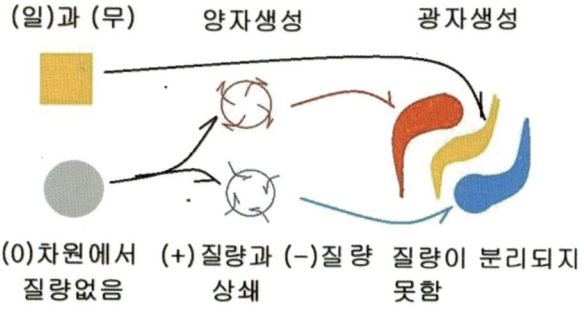

질량이 0인 광자만 공간의 한계인 30만 km로 달릴 수 있다.
앞의 그래프에서 보듯이 가볍다고 생각되는 전자마저도 빛의 속도에 도달하려면 천문학적인 에너지가 소요된다. 광자는 질량이 0이므로 무한대의 속도를 보일 수 있다.

공간의 한계가 없다면 광자가 갈 수 있는 속도는 30만 km를 훨씬 초과하는 속도를 낼 수 있을 것이다. 3차원 공간의 한계로 인해서 그렇게 달리지는 못한다.

공기를 통해서 전달되는 소리는 340m를 넘어가려면 마찬가지로 많은 에너지가 소요되지만, 인간이 그 정도의 에너지를 감당할 문명의 수준이 되었기 때문에 초음속이 가능한 것이다.

광자는 에너지 손상이 있어도 곧바로 광속을 회복한다.
광자가 우주공간에서 진행 중에는 여러 가지 에너지의 손상을 입는다. 별들의 근처를 지나면서는 중력의 영향을 받고 태양을 탈출하면서는 태양의 인력이 끌어당기는 힘에 영향을 받는다. 무엇보다도 지속적으로 영향을 받는 것은 암흑물질이다.

예를 들면 감마선이 10^{20}의 주파수를 가지고 태양을 출발한 광자가 가스구름층을 만나면서 에너지의 99.99%를 상실했다고 하자.

감마선은 99.99%의 에너지를 잃어도 주파수가 10^{18}인 X-선으로 바뀔 뿐이다. 여전히 X-선은 빛이다. 그리고 속도는 30만 km를 유지한다. 주파수가 줄어들고 파장이 길어질 뿐이다. 광자의 여행과 우주 물질의 저항에 따른 에너지의 감소는 이런 식으로 적외선까지 계속된다.

광자의 속도가 30만 km보다 늦어진다면 어찌 되나?
빛의 속도는 30만 km일 때만 빛이다. 속도가 그보다 늦다면 진행 방향에서의 저항은 급속한 에너지 감소로 이어질 것이다. 특히 질량이 0인 상황이므로 에너지 감소는 더 빠르다.

이미 속도가 30만 km 이하로 떨어졌다는 것은 광자가 가진 추가적인 에너지가 없다는 뜻이다. 저항으로 인한 영향은 빛의 속도를 급속하게 하락시키면서 공간에서 사라진다.

광자의 에너지가 충분할 때는 속도는 유지하면서, 에너지 손실을 주파수를 희생시키면 광자로 유지가 가능했다. 에너지가 부족하다면 빛의 수명이 다하는 방향으로 간다. 빛이 죽는다는 표현을 사용할 수도 있다. 빛이 빛의 속도로 날지 못하면 더 이상 빛이 아니다.

광자는 엄밀하게 말하면 질량이 0이 아니다.

미세한 차이로 0이 아니란 뜻이다. 그렇다고 질량이 있다는 표현을 사용하는 것은 아니다. 그림에서 보듯이 광자를 만드는 양자가 발생하는 과정에서 미세한 차이가 발생되기 때문이다. 양자의 탄생에 있어서 태생적 한계로 인해서 미세한 질량은 존재한다.

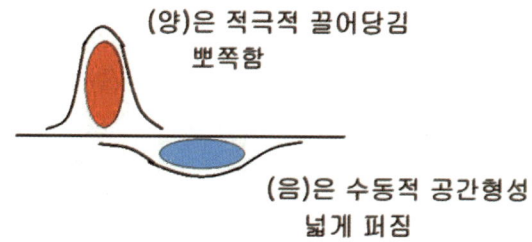

천부경에서는 (일)에서 (양)과 (음)으로 분리될 때, 분명한 순서를 정해두었다. '천일일 지일이 인일삼'이라는 구절에서 먼저 (양)이 만들어지고 곧이어 (음)이 만들어진다.

(양)이 (+)쪽으로 끌어당기면 (음)은 바로 이어서 (-)쪽으로 부풀어 오른다. 시간적인 미세한 차이가 있다. 또한 모양의 차이로 인한 질량의 차이도 있을 것이다. (양)이 적극적인 성격이므로 뾰족한 모습이라면 (음)은 소극적인 성격으로 평퍼짐한 모습이다. 능동적인 것과

수동적인 것의 차이로도 볼 수 있다.

이것은 같은 광자의 종류이면서도 더 가벼운 중성미자에는 작은 질량이 발견되지만, 더 무거운 감마선에는 질량이 발견되지 않는 이유로도 추정할 수 있다.

광자의 속도 불변의 문제는 중성미자의 질량이 열쇠다.

중성미자는 10^{70}의 주파수를 가지지만 감마선은 10^{20}의 주파수로 무려 10^{50}배의 주파수 차이를 보인다. 아주 작은 질량의 차이지만 회전운동량의 차이 때문에 오히려 더 가벼운 중성미자가 먼저 질량이 발견되는 현상이 일어났다.

에너지는 속도의 제곱에 비례하므로 중성미자와 감마선은 동일한 크기라고 가정하면 에너지 차이는 10^{100}배라는 엄청난 차이가 있다. 중성미자가 감마선보다 아무리 가벼워도 10^{100}이나 되는 에너지 차이를 극복하기 어려울 것이다. 이에 대한 자세한 분석은 계속 이어진다.

[6-3]

광속을 돌파하려면 어떻게 해야 할까?

광속을 넘어가지 못하는 이유는 공간의 한계이다.

소리가 공기라는 매질의 한계 때문에 340m의 속도를 넘어가지 못하듯이, 빛은 공간이 접어지는 과정을 30만 km 이상 접을 수가 없다. 빛의 속도가 30만 km를 넘어가지 못하는 것은 3차원 공간의 한계 때문이라고 생각한다.

빛은 30만 km를 넘어서지도 못하지만 30만 km 이하로 줄어들기도 어렵다. 수명이 다해서야 광속 이하로 줄어든다.

광속을 돌파하려면 광자의 무게가 정확하게 0이 되어야 한다.

소리의 한계를 극복하는 방법은 더 많은 에너지를 추가해서 추진력을 높이는 것이 해결방법이지만, 공간의 한계를 극복하려면 자신이 가진 무게를 더 줄여야 한다고 본다. 이미 전지를 가속하는 예에서 봤듯이 에너지를 증가시키는 것은 불가능에 가깝거나 효율적이지 못하다.

광자가 만약에 (0)차원으로 들어간다면 빛보다 빠른 속도를 구현할 수 있을 것이다. (0)차원으로 진입하는 방법은 한 가지뿐이다. 질량을 완전히 0으로 만드는 것이다. 감마선의 10^{20}의 주파수일 때는 발견되지 않던 광자의 질량이, 10^{70}인 중성미자에서는 갑자기 $2.2eV/c^2$의 에너지가 생겨났다. 광자는 정확한 질량이 0이 아닌 것이다.

정확한 질량이 0이라면 (0)차원으로 진입하면서 우주의 수백 광년이 떨어진 별 어디든지 짧은 시간에 이동할 수 있을 것으로 본다.

공간의 한계와 인간의 한계

이 공간의 한계를 극복하는 방법은 광자의 질량을 0으로 만드는 것이다. 광자의 질량이 0이 된다면 (0)차원으로 들어갈 수 있으므로 공간을 벗어날 수 있다. 현재 인간이 알고 있는 지식으로는 저와 같은 미세한 차이를 줄일 수는 없다.

불교의 수행에서는 모든 것을 비우는 (공)은 수행의 완성에 있어서 첫 시작점이다. 수행승들의 마음이 자유로워지는 현상을 경험하고 이전에는 생각하지 못했던 것들을 생각해내기 시작한다. (0)차원과 접촉하기 때문이라고 생각한다. 수행승들의 마음에서 집착을 끊어낸 후에야 (0)차원으로 접근할 수 있다.

질량이 0이 된다는 것은 수행승들에 있어서는 (공)의 단계에 이르고 있음과 같은 뜻이다. 마찬가지로 수행승들의 마음은 (0)차원으로 진입하고 있다고 볼 수 있는 것이다. 질량이 0이 되면 광자는 (0)차원으로 이동할 수 있게 된다고 본다면, 수행승이 (0)차원으로 들어가는 것과 같은 것이라는 추론도 가능해진다.

인간도 수행으로 (0)차원으로 진입하기는 쉽지 않다. 현재는 극소수만 허용되는 저런 차원의 진입은 미래에는 일반적인 사람들도 과학적인 도움을 받으면서 쉽게 성취가 되도록 만드는 것이 선각자들의 해야 할 목표 중에서 한 개가 될 가능성이 많다. 수행승들이 이제는 과학과 동떨어진 세상에서 벗어나서 과학적인 발전에 기여해야 한다는 뜻이기도 하다.

빛보다 빠른 타키온은 없다.

타키온은 이론적으로만 제시된 물질로 실제로 발견된 적은 없다. 유일하게 빛보다 빠르다고 추정하고 있다. 질량도 허수로 표시되고 있고, 질량이 줄어들수록 속도가 무한정 빨라진다고 한다.

그러나 앞에서 본 바와 같이 3차원의 세계에서 빛보다 빨리 갈 수 있는 방법은 (0)차원의 세계로 들어가는 것이다. 광자는 질량을 추가로 더 줄인다고 해도 속도는 30만 km를 넘어설 수가 없다. 아마도 앞으로도 타키온이 발견되지는 않을 것이라고 본다.

빛은 (무)의 에너지를 우주에 운반하는 운반선이다.

광자는 양자가 (본)의 에너지를 감싸고 있으므로 빛과 같이 밝은 모습이 아니다. 광자가 무언가에 부딪혀서 광자의 형태가 깨어지게 되면, 광자를 이루고 있던 2개의 양자는 서로 합해져서 없어지게 된다.

남게 되는 (본)의 에너지는 광자가 회전하던 회전수를 그대로 갖고 있으면서 껍질을 벗게 된다. (본)의 에너지는 회전수를 주파수로 발산하면서 밝은 빛을 내게 되고 잠시 후에 빛은 사라진다.

여기서 (본)의 에너지는, (무)의 에너지가 광자를 이루고 있는 2개의 양자 사이에 들어가면서, (무)의 에너지가 변해서 이제 막 창조되는 광자 속에 존재하게 되는 에너지다. 본질적으로는 (무)의 에너지이다.

밝게 빛나는 빛은 마찬가지로 (본)의 에너지가 3차원의 공간에서 주파수의 에너지로 표현된 것으로 본다. 광자는 빠르게 회전하고 있다. 이 회전수는 그대로 빛의 주파수다.

광자는 (무)의 에너지를 담고 있는 운반선과 같은 존재로 볼 수 있다. 물론 (무)의 에너지가 광자로만 이동하는 유일한 수단이 되는 것은 아니다.

중성미자는 우주에서
가장 많은 광자다

    천부경으로 추론한 바에 따르면 중성미자가 가장 많이 만들어질 수밖에 없다. 중성미자는 태양과 같은 별이 아니더라도 우주공간의 어느 곳에서도 만들어진다.

    (무)의 에너지가 3차원의 공간에서 존재하기 위하여 진공을 찢으려 할 때, 우주의 빈 공간에는 큰 힘보다는 임계치를 겨우 넘기는 작은 힘이 훨씬 많을 것이다.

    무수히 많은 작은 힘들이 (0)차원과 3차원에서 공간 진동을 일으킨다면, 대부분은 임계점을 넘어가지 못할 것이다. 그래도 일부는 임계치를 겨우 넘기면서 광자를 만들어낼 것이다. 이렇게 겨우 임계치를 넘기면서 만들어지는 양자가 만드는 광자가 중성미자가 된다고 본다.

광자 중에서 가장 약한 힘으로 만들어진다.

2개 (+)양자와 (-)양자는 아주 약한 힘에 의지하여 만들어지므로 양자 간의 거리는 매우 가까울 것이다. 그리고 발생 시간도 거의 같거나 아주 근소한 차이로 만들어질 것이다.

임계점 근처에서 만들어지므로 서로 합해지지 않으려고 상상하기 어려울 정도로 회전수를 발생시켜야 할 것으로 보인다. 살아남으려면 선택의 여지도 없다. 2개의 양자가 그런 움직임을 보이지 못한다면 서로 합해지면서 없어질 것이다. 양자가 없어진다면 그냥 아무것도 없는 진공의 세계로 돌아갈 것이다.

중성미자는 우주공간 어디서도 만들어진다.

가장 작은 힘으로 만들어지므로 우주공간의 어디서나 만들어질 수가 있다. 은하와 은하의 사이에 있는 빈 공간에서도 항성계와 항성계 사이에서도 많은 수의 중성미자가 발생할 수 있다.

항성계와 항성계의 사이나 은하계와 은하계의 사이에 중력이 미치지 않는 공간에는 오히려 암흑물질은 다른 공간보다 더 많을 수도 있다. 빈 우주공간을 지날 때는 이로 인한 저항이 심할 수도 있다는 말이다.

중성미자를 검출하려면 지하 수백 미터에서 한다.

광자의 크기는 너무 작다. 너무 작아서 우리 몸도 통과하고, 지구도 통과하고, 태양도 통과한다고 한다. 중성미자를 검출하려면 다른 빛이 모두 흡수되어 버렸다고 생각되는 지하 수백 미터에 우주에서 날아오는 중성미자 검출기를 설치한다고 한다.

그래도 가끔씩만 검출된다. 감마선이건 X-선이건 수백 미터의 지하를 통과하는 동안에 다른 빛은 모두 흡수되어 버리고 중성미자만 남았다고 생각되는 지점에서 검출하는 것이다.

중성미자는 광자가 맞다.

중성미자의 성격은 중성이며, 무게가 거의 측정되지 않는다고 하지만, 그래도 무게는 있다. $2.2eV/c^2$이다. 회전수는 1×10^{70}에 이른다고 한다.

중성미자가 통과하는 것을 방지하려면, 1광년 두께의 납판으로 막아도 50%만 걸러진다고 한다. 이 정도면 빛이 아니라고 하는 학자들도 있을 수 있다고 생각한다. 그러나 천부경으로 추론하는 바에 의하면 (+)양자와 (-)양자와 (무)의 에너지의 결합체이다. 중성미자는 분명한 광자다.

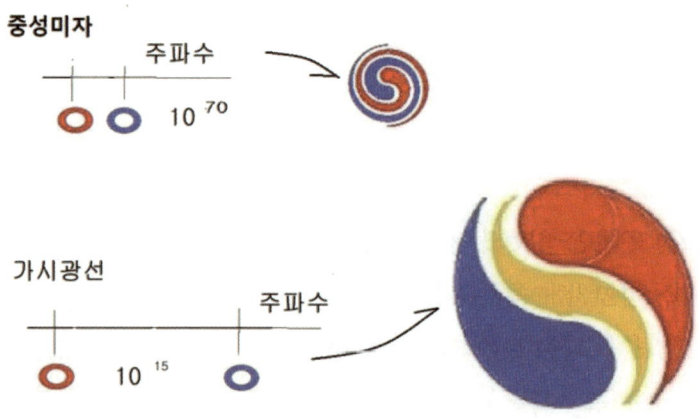

184

**항성이 발생시키는 무거운 광자는 2차적으로
중성미자를 만들기도 할 것이다.**

　태양과 같은 항성에서는 직접적으로 만들어지는 중성미자는 많지 않을 것이다. 태양과 같은 항성에서 발생되는 (무)의 에너지가 크기 때문이다. 그러나 중성미자는 전자의 십만분의 1에 불과한 아주 작은 광자이다. 항성에서 만들어지는 강한 광자가 우주공간을 가로지르면서 지나가는 궤적을 따라서, 그 궤적 주변에서 파생되어 2차적으로 만들어질 수도 있다.

　강한 광자가 항성을 떠나면서 우주공간을 지나가면, 우주공간에 존재하는 잠자는 (무)의 에너지를 깨우게 된다. 깨어나는 (무)의 에너지는 가장 가벼운 중성미자를 만들 수 있을 정도로 충분해진다. 다시 암흑물질과 작은 양자가 발생되면서 중성미자가 될 수 있다.

　이때 만들어지는 중성미자는 우주의 빈 공간에서 만들어지는 균형이 잘 갖춰진 형태가 아닐 것이다. (+)양자와 (-)양자의 균형은 맞지 않을 확률이 높아서 약간은 찌그러졌다고 볼 수 있다. 중성이지만 완벽하진 않다. 그래서 렙톤입자로 오해받을 가능성이 높다.

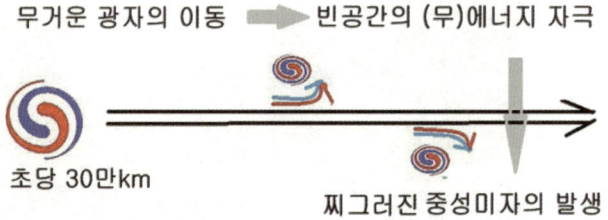

광자는 앞으로만 진행한다. 뒤로 가지 못한다. 무거운 광자에 의해서 2차적으로 발생되는 찌그러진 중성미자는 광자가 진행하면서 마찰에 의해서 발생하므로 진행 방향에 따라서 한쪽 방향으로만 회전할 가능성이 높다. 광자가 뒤로 간다면 그와 반대되는 회전을 가질 수 있지만, 광자는 뒤로 가지 못한다.

감마선과 X-선은 항성에서 만들어지는 광자다

우주공간에서도 만들어지는 중성미자와는 달리 감마선이나 X-선은 크기가 상당히 크고 주파수는 훨씬 적다. 양자의 임계치를 훨씬 초과하는 (무)의 에너지를 형성했을 경우에 만들어질 수 있는 광자다.

그래서 감마선이 만들어지려면 태양과 같은 고온고압의 환경이 필요하다. 작은 (무)의 에너지 대신에 크기가 상당히 큰 (무)의 에너지가 필요해지는 것이다.

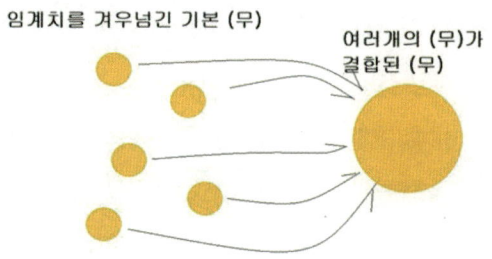

이러한 환경 속에서 (무)의 에너지는 작은 것들이 여러 개로 뭉쳐지면서 (무)의 에너지는 커진다. 이 경우에는 양자가 만들어지는 데 거쳐야 하는 암흑물질의 과정이 필요하지 않게 된다. 직접적으로 만들어지는 광자는 크기가 크고, 회전수는 크기만큼이나 중성미자보다는 훨씬 적다.

중성미자에 비해서 크기가 크다고 하더라도 감마선과 X-선은 인체를 통과할 수 있을 정도로 크기가 작다. 그래서 인체를 통과하지만 통과하는 과정에 세포 내의 원자 구조를 변경시키는 정도의 충격은 일어난다.

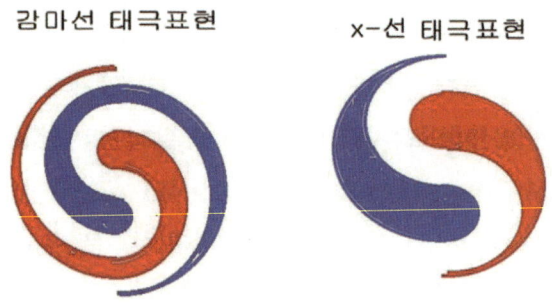

감마선과 X-선은 우주공간에서는 만들어지지 못하고 태양과 같은 항성에서 만들어진다고 볼 수 있다. 감마선은 몇 cm 두께의 납판으로 막아낼 수 있다. X-선은 알미늄 호일 정도의 소재로 방어가 가능하다.

광자가 저항을 만나면서 가시광선으로 약화된다

가시광선은 감마선이 약해지면서 만들어진다.
 가장 약한 광자인 중성미자가 10^{70}의 가장 빠른 주파수를 가지고 있었다. 다음으로 강력한 주파수를 가진 감마선은 10^{20}의 주파수를 가지고 있다. 실험을 해보지는 못했지만 태양에서 발생되는 주파수는 감마선과 비슷한 강한 에너지를 가진 것으로 추정된다.

 가시광선의 주파수는 10^{15}으로 상당히 약화되어 있다. 인간은 지구의 오존층으로부터 걸러진 빛을 본다고 하지만 감마선과 가시광선의 광자의 파장은 10만 배의 차이를 보인다. 물론 다양하게 만들어지겠지만 이 정도의 차이는 태양에서 똑같이 발생되었다고 보기는 어려울 것 같다.

 가시광선은 태양에서 발생한 광자가 아니라 광자가 저항을 만나면서 회전력이 약화되면서 지구의 대기에서 만들어졌다고 보이는 것이다.

　가시광선의 상태에서는 (무)가 변신해서 (본)의 힘으로 바뀌면서 광자의 껍질 속에 들어갔던 (본)에너지의 속살이 표면으로 드러나기 시작한다.

　광자의 회전력은 눈에 띄게 줄어들었다. (+)양자와 (-)양자는 (본)의 에너지가 표면으로 조금씩 드러나기 시작하면서 2개의 양자를 억지로 끌고 가는 상황이다.

　투과력은 약해져서 두꺼운 종이 한 장이면 가시광선의 진행을 막을 수가 있다. 광자는 튕겨 나가면서 (본)의 에너지가 분출되고 빛으로 발산된다.

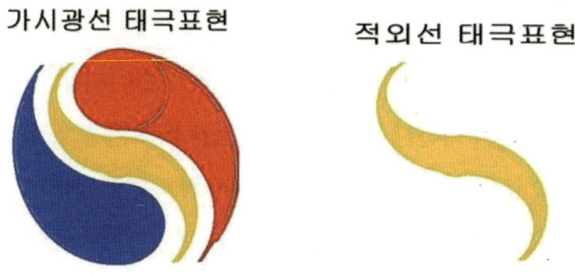

　가시광선보다 더 회전수가 느려지면 적외선이 된다. 적외선에서는 (+)양자와 (-)양자는 사라지고 없으며 (본)의 에너지만 남아서 회전력을 일으키고 있지만, 공기 중에서 사라지기 직전이다. 파동으로만 남은 상태이다. 파동은 적외선이며, 열로 바뀌어 분산된다.

그보다 작은 주파수는 자연에서 발생한다. 고주파, 저주파, 라디오파, 가청주파수 등이다. 이러한 주파수도 결국은 파동을 만드는 사람 또는 자연이 인위적인 에너지를 사용해야 만들어진다.

광자의 회전수에 따른 빛의 종류

광자의 종류		주파수 (Hz)	파장 (m)	비고
주파수	가청주파수	20,000		주파수
	라디오파	10×10^{10}	10×10^{-2}	주파수
적외선		10×10^{14}	10×10^{-5}	주파수
가시광선		10×10^{15}	7×10^{-7}	광자/주파수
자외선		10×10^{16}	10×10^{-7}	광자
	X-선	10×10^{18}	10×10^{-9}	광자
	감마선	10×10^{20}	10×10^{-11}	광자
중성미자		10×10^{70}	10×10^{-61}	광자

가시광선은 빨강-노랑-파랑의 3-6색, 조화다

천부경의 구절 중에서 '천일일 지일이 인일삼'과 '천이일 지이이 인이삼'과 '대삼합육'이라는 구절이 있다. (일)과 (무)가 세상에 나서면서 처음에는 3개가 나오지만 뒤이어 그의 짝이 되는 존재가 나타나면서 6개로 세상은 이루어진다로 해석한다.

우리가 살아가는 세상은 (음)과 (양)의 짝이 어우러지는 변화무쌍한 세상이다. 처음에 나타나는 3개는 세상의 창조이지만 세상이 조화롭게 살아가는 세상이 만들어지려면 짝을 이루면서 조화를 만든다. 빛에서 발산되는 7가지의 무지개의 빛은 아름다움을 나타낸다.

빛이 만드는 무지개의 빛을 7가지로 표현하지만, 천부경에서는 6가지 색깔이 기본으로 분리된다고 표현되어 있다. 아마도 7개 중에서 자색은 남색에 포함되었거나 자외선에 포함되어야 맞는 것 같다. 인간의 눈이 조금 더 자세한 빛을 구분하게 된 것 아닐까 싶다.

192

하늘의 모습은 파랑색으로 나타나며, 음양으로 분리되면서 파랑색과 남색이다. 주파수가 가장 높고 에너지가 많은 빛이다. 하늘은 물에서 탄생한다. 물의 색깔이 청색이다.

땅의 모습은 빨강색으로 나타나며, 음양으로 분리되면서 빨강과 주황이다. 가시광선 중에서 주파수가 가장 낮다.

에너지는 비교적 낮으면서 안정감을 주는 색이다. 땅은 땅의 지열에 의해서 탄생되므로 빨강으로 표현되어야 한다.

황극은 노랑색으로 나타나며, 음양으로 분리되면 노랑과 녹색이다. 청색과 적색과 함께 섞이면서 변화를 도모한다.

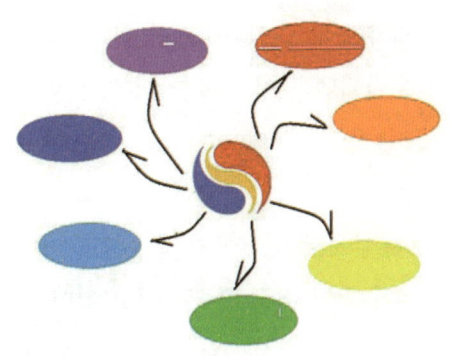

빛은 광자로 태어나서
파동으로 죽는다

천부경이 말하는 죽음의 해석

천부경의 제일 마지막 구절은 '일종무종일'이다. '(일)이 끝나고 (무)도 끝난다'는 해석은 모든 것이 아무것도 남지 않는다는 뜻이다. (일)과 (무)가 움직이던 것이 이제는 더 이상 움직이기 싫다는 것이다.

그래서 3차원의 세상에서 움직이지 않는다면 (0)차원으로 들어간다는 말이 된다. (0)차원에 들어가서 좀 쉬고 싶다는 말이다. 그렇다고 (0)차원에서 (일)과 (무)가 사라져 버리는 것은 아니다. 3차원 세계에 드러나는 움직임만 없을 뿐이다.

'일시무시일'은 (일)이 움직이고, (무)가 움직인다고 했다. 이 구절은 물리학적으로 암흑물질의 상황과 비슷하다고 앞에서 언급한 바가 있다. 암흑물질을 거쳐서 양자가 되고 광자로 태어났었다.

3차원의 세계로 옮겨왔던 (무)의 존재들은 소행성과 같은 암석 덩어리나 혜성과 같은 얼음 덩어리로 수십억 년을 살아갈 수도 있었다. 운이 좋았다면 지구와 같은 행성에서 생명체로 살면서 (무)의 몸집을 키우고 좌우대칭 동물로, 척추동물로, 포유류로, 인간으로 환생을 하면서 자신의 크기를 키우면서 살 수도 있을 것이다.

후회 없는 주기를 살았다고 하더라도, 나 자신의 (무)를 키우지 못했다면 후회도 남았을 것이다. 아쉬움이 남았다면 대부분은 다시 자신의 (무)를 움직이게 될 것이다. 그래서 다시 돌아온다. '일종무종일'은 다시 '일시무시일'로 시작하게 되는 것이다.

죽음은 (0)차원의 세계로 돌아가는 것이다.
그래서 이제는 마지막 목표에 도달했다고 생각한다면 죽음에 이를 것이다. 그리고 3차원에서 존재하고자 하는 의지를 없애버릴 것이다. 그러면 진정한 죽음이 된다.

아직도 존재하고자 하는 의지가 남아 있다면 다시 빈자리를 찾아서 윤회를 하게 될 것이다. 모든 것을 얻은 최고의 경지에 이른다면 어떤 물리적인 존재도 영향을 주지 못하는 (0)차원의 세계에 들어간다. 신이 된다.

신이 된다면 '일종무종일'이 실현된다. (일)의 진공에서의 요동도 끝나고 (무)의 존재 의지도 없어진다. 여기서는 암흑물질이라는 중간 단계도 없다. (일)과 (무)가 (0)차원으로 완전히 들어가는 것이다.

(일)과 (무)가 본래 있었던 자리로 돌아가는 것이다. 그래서 한국에서는 옛날부터 사람이 죽으면 '돌아가셨다'는 말을 썼던 것 같다.

(무)의 세계는 전혀 아무것도 없는 세계가 아니다. 영혼이 존재하는 세상이고, 신이 만들어 가는 세상이다. 신의 의지가 작용하는 세상이다. (0)차원의 세상은 그 세상을 지배하는 규칙이 따로 있을 것이다. 3차원의 세계에서는 물리학이 그 존재를 결정하지만, 궁극의 자리인 (0)차원의 세계에서는 (무)의 법칙이 (0)차원을 지배할 것이다. 그리고 그 (0)차원의 (무)는 3차원의 세계까지도 지배하게 된다.

광자가 늙으면 파동으로 바뀐다.

양자가 만들어지면서 출발한 광자가 태양에서 생겨나서 지구에 도착했다면 광자의 수명은 고작 8분일 것이다. 광자가 지구에 도착하면 다양한 물질을 만든다. 광자가 죽으면서 광자에서 나오는 (본)의 에너지는 지구상의 많은 생명체를 유지하는 데 없어서는 안 되는 도움을 준다.

지구와 같은 행성에 부딪히지 않는 광자가 있다면 수없이 넓은 우주를 하염없이 여행을 하게 될 것이다. 얼마 동안이나 여행을 하게 될까?

입자로 이루어진 광자는 먼 거리를 갈 수 있지만 파동만으로 이루어진 빛은 먼 거리를 갈 수 없을 것이다. 껍질이 없기 때문이다. 이동하는 빛의 주인공은 (본)의 에너지이다.

(+)양자와 (-)양자는 (본)의 에너지를 담아두는 껍질, 즉 우주선과 같은 존재이다. 광자가 무언가에 부딪힌다면 껍질은 깨어지고 없어지면서 (본)의 에너지만 광자가 회전하던 회전수를 그대로 가지고 빛이 된다.

　　광자로 만들어지지만 사라질 때는 주파수로 사라진다. 주파수는 파동이다. 이미 껍질은 진공으로 돌아갔고, 주파수만 남은 파동도 사라진다. 그러면 아무것도 남지 않을 것이다.

　　여기서는 처음 시작과는 달리 암흑물질이라는 단계를 거치지 않을 것이다. 암흑물질은 물질의 탄생기에서 겪는 존재하고자 하는 의지를 실현하는 어려운 과정이다.

우주의 빈 공간에는 많은 암흑물질들이 존재한다.
　　우주는 완전한 진공이 아니다. 태양계에서 행성 간의 빈자리에는 면적당 몇 개의 원자가 존재한다. 태양계 바깥으로는 면적당 더 적은 몇 개의 원자가 존재한다.

　　그리고 비어있는 어떤 우주의 공간에도 암흑물질이 존재한다. 광자가 진행하면서 작지만 저항을 받을 수밖에 없는 우주다. 그래서 진행하는 에너지는 약해지고, 광자의 회전수는 느려진다.

　　수십억 년의 긴 세월을 우주를 통해서 여행하고 있다면 본래 가지고 있던 주파수는 많이 줄어들 것이다. 우주의 저편에서 지구로 도착하는 빛이 주파수가 줄어들었다면 적색편이를 보이는 이유가 무언지는 다시 생각해 봐야 한다.

뒤에서 보겠지만, 적색편이로 인한 광자의 에너지 감소의 양이 생각보다 크다. 우주의 빈 공간에 존재하는 암흑물질의 양은 생각보다 많다고 볼 수 있다.

**황혼이 아름다운 것은
남아 있게 될 만물에게는 도움이 되기 때문이다.**

저녁에 태양이 지고 나면 석양을 보는 아름다움은 많은 사람들의 가슴을 설레게 한다. 가을에 낙엽을 밟으면서 푸른 하늘을 배경으로 펼쳐지는 노랗고 붉은 낙엽을 보면서 참으로 아름다운 세상이라고 느끼는 것은 많은 사람들이 공통적으로 느끼는 감정이다.

인간의 눈에는 아름답게 보이지만 아름다움의 주체인 낙엽으로서는 자신의 삶을 마감하는 죽음의 모습이다.

밤하늘에 별을 바라보면서 하늘을 가르는 별똥별을 본다면, 까만 밤하늘에 밝은 빛의 신호를 그리면서 사라지는 별빛을 보면서, '멋있다' 또는 '예쁘다'라는 감정을 가진다. 역시 별이 죽어가는 모습이다.

인간들은 자신들의 죽음은 슬퍼하며 애도하면서 사물들의 죽음은 왜 아름답다고 느낄까?

태양으로부터 나오는 빛이 지평선에서부터 나에게 다가오는 빛들은 붉은 파장의 가시광선을 나에게 전달하고 있다. 이 붉은 파장은 광자의 주파수가 느려지면서 빛이 죽어가기 직전에 적외선으로 변하는 과정이다. 적외선은 차가운 우주에서 생명이 살아갈 수 있도록 따뜻한 온기를 선물해 주는 고마운 존재다.

가을의 낙엽은 땅을 기름지게 만들면서 다시 봄이 돌아오면 많은 생명체들에게 영양분을 공급해 준다. 다른 개체의 죽음은 죽지 않고 남은 생명체에겐 이로움을 안긴다.

태양에서 보내주는 광자는 지구에 도착하게 되면 대기층의 공기와 부딪히면서 급속하게 회전력을 잃어간다. 눈에 보이지 않는 광자는 가시광선으로 변하는 것이다. (+)양자와 (-)양자의 물질을 잃어버리고 남아 있는 (본)의 에너지는 파동의 형태로 바뀌면서 광자로서의 짧은 일생을 마감한다.

파동만 남은 빛은 적외선이다. 적외선은 빛이 죽어가는 마지막에 대기에 열을 남겨준다. 그리고 빛도 죽어간다. 사물의 죽음은 그 죽음을 아름답게 여기는 또 다른 존재들의 삶에 도움이 된다. 그리고 우리 자신도 모르게 안정감을 느끼는 것이다. 그래서 다른 개체의 마지막 모습이 아름답게 느껴지는 건가? 필자도 새삼스럽게 다가오는 감정이다.

광자도 수명을 가지고 있다.

태양에서 생겨나는 광자들이 행성들에게 부딪히지 않고 우주공간을 날아간다면 그들의 수명은 영원할까? 자연 감소는 없다고 가정하더라도 우주의 빈 공간에는 농도가 지극히 옅지만 원자도 존재하고,

암흑물질은 더 많이 존재한다. 암흑물질은 우주공간에 폭넓게 퍼져 있는 진공에서 요동을 일으키는 아주 '끈적한' 존재이다.

우주의 빈 공간에서도 가장 작은 빛인 중성미자는 발생할 것이다. 그 양은 엄청나다.

우주를 여행하는 광자는 사실상은 보이지 않는 많은 장애물들을 만나면서 진행할 수밖에 없다. 그러면 수십억 년 이상을 진행해야 하는 광자는 시간이 갈수록 회전수는 느려질 것이다.

그리고는 지구에 도착하는 태양의 광자들이 적외선으로 바뀌면서 사라진다. 광자가 우주공간을 여행하면서 만나는 많은 장애물들은 광자가 늙어가는 요인이다. 그리고 마지막으로 광자의 회전수가 가시광선 아래로 떨어진다면 적외선 파장으로 변하면서 내부에 품고 있는 (본)의 에너지를 밖으로 내보내면서 사라질 것이다. 그때까지가 광자의 수명이 된다.

광자의 에너지 역학,
광자의 수명

광자가 2개의 양자로 만들어져 있고, 수명이 있다고 가정한다면, 광자에 에너지가 존재하면서 광자의 에너지의 소멸이 수명을 나타낼 것이라고 추정할 수 있다.

광자의 이동 거리

광자는 (+)양자와 (-)양자가 서로 회전하면서 진행하다고 했다. 광자 전체로는 초당 30만 km을 넘지 못한다. 그러나 광자를 구성하는 양자는 상상하기 어려운 속도로 날아간다. 회전하기 때문이다.

초당 30만km이동

광자는 단순히 초당 30만 km만 이동한다.

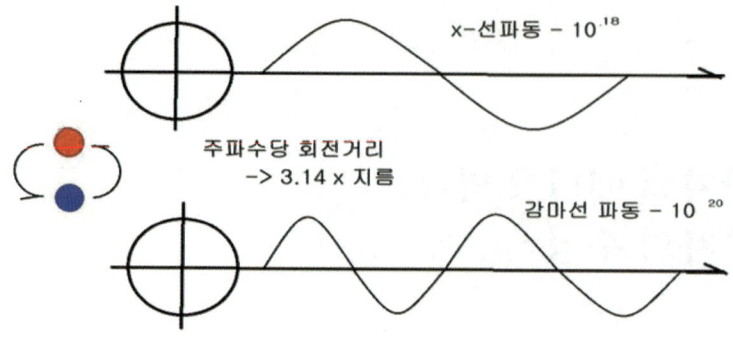

광자를 구성하는 (+)양자와 (-)양자는 원형운동을 하면서 진행하므로 광자보다 훨씬 긴 거리를 이동해야 한다.

→ 회전운동의 진폭×3.14=주파수당 이동 거리

<양자 기준 이동 거리>
→ X-선의 이동 거리는 광속 30만 km×3.14×10^{18}
→ 감마선의 이동 거리는 광속 30만 km×3.14×10^{20}

광자보다 훨씬 작은 양자는 계산상으로 이미 광속을 엄청나게 초과하면서 이동하고 있다. 이것이 양자의 특성이다. 광자의 속도와 양자의 이동 거리는 (0)차원의 경계를 그대로 보여준다.

광자의 에너지 산출

양자가 뭉쳐진 광자의 주요 운동은 회전운동이다. 크기의 절대값을 알 수 없으므로 2가지의 광자를 단순 비교하는 방법으로 알아보려 한다.

감마선의 주파수, 10^{20}/초
X-선의 주파수, 10^{18}/초
2개 양자의 회전반경과 질량은 같다고 가정한다.

감마선과 X-선의 2개 광자 사이에는,
광자가 가진 주파수는 100배가 차이가 있고,
에너지는 1만 배의 차이가 있을 것이다.

두 주파수의 차이로 적색편이 값을 산출한다면,
적색편이 값이 100이라는 것을 뜻한다.
감마선의 파장=30만 km/10^{20}=3×10^{-12}m
X-선의 파장=30만 km/10^{18}=3×10^{-10}m

적색편이 값은 ((3×10^{-10})-(3×10^{-12}))/(3×10^{-12})=100이 된다. 이것은 회전수가 100배가 차이가 있음을 말한다.

회전수의 100배 차이는 2개의 양자가 회전으로 움직이는 양자의 이동 거리가 100배가 차이가 나고, 양자의 회전속도도 100배가 된다.

에너지는 속도의 제곱에 비례하므로
감마선과 X-선이 가진 에너지 차이는 1만 배다.
광자는 속도가 30만 km으로 일정하지만, 광자의 종류별로 광자 속의 양자가 회전하면서 만드는 양자의 속도는 광자의 상황에 따라서 모두 다르다. $E = m \times c^2$ 공식이 만드는 현상이다. 그래서 빛은 모두가 동일한 속도를 보이는 것 같지만, 빛이 가지는 에너지는 모두가 다르다는 것을 알려주고 있다.

광자의 수명 추정

항성에서 만들어진 광자가 가진 빛의 수명은 적색편이의 계산에서 찾을 수 있을 것이다. 에너지가 소멸되는 시점이 광자의 수명이다.

위의 경우에서는 감마선으로 배출된 광자가 관측하는 지점에서 X-선으로 관측이 되었다면, 적색편이 지수는 100이 될 것이고, 감마선 방출 당시의 에너지의 99.99%를 이미 소모한 상황이다. 0.01%의 에너지만 남아 있다.

측정하는 별과의 거리가 100억 광년이라면, 0.01%의 에너지를 추가로 소모하는 데는 1백만 년의 시간이 더 걸릴 것이다. 그러면 광자의 수명은 1백억 1백만 광년이 된다.

이 모든 것은 가정과 추정과 비교에 의해 나타난 수치이므로 정확하지 않습니다.

제7장
빛의 실험과 우주의 가속팽창과 암흑에너지

빛은 광자와 파동으로 구분한다.
태극 모양은 광자의 모습이다. 황색 표시는 파동의 모습이다.

빛은 광자상태와 파동상태로 존재한다

태양의 빛과 양초를 태웠을 때 만들어지는 빛을 자연의 빛이라고 보자. 자연의 빛은 상당히 많은 종류의 광자가 혼합된 상태라고 볼 수 있다. 흰색 빛이다. 아직 색깔을 드러내지 않은 광자상태에서 보여주는 색깔이다.

레이저빔과 같은 빛은 거의 같은 주파수로만 만들어진 인위적인 빛이다. 아마도 대부분의 에너지는 파동으로 이루어졌을 것이다.

가시광선은 광자 중에서도 주파수가 가장 적고 파장이 긴 빛이고 죽음의 단계에서 발생하는 빛이다. 주파수가 가장 낮은 마지막 파동은 적색이 될 것이다. 적색으로 보이면 곧 적외선으로 변하게 될 것이고, 적외선은 광자가 죽기 직전의 모습이다.

이중 슬릿실험,
빛이 광자인지 파동인지 구분한다

이중 슬릿실험

과학 수업을 받은 사람들이라면 잘 아는 이중 슬릿실험을 조금만 다른 각도에서 관찰해 보자. 사람이 관찰하고 있을 때와 사람이 관찰하지 않을 때를 비교하는 것이 아니다. 실험에 사용하는 빛은 자연광을 사용할 때와 인공적으로 만든 일정한 파장의 빛만 사용할 때를 비교하는 것이다. 자연에서 사용하는 빛이란 태어난 지 얼마 안 되는 광자를 말한다고 볼 수 있다.

실험장치

실험장치는 널리 알려진 바와 같다. 빛을 발생시키는 광원을 두고 중간에 차단막에서 아주 작은 틈새를 2개 만들고 벽면에 빛을 비추는 방식이다.

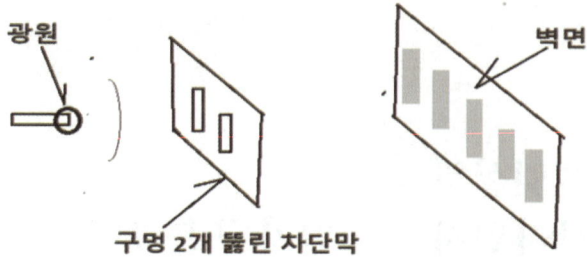

정제된 빛, 레이저포인터(650nm 파장과 광자의 혼합, 적색광)
→ 원형의 빛이 좌우로 퍼져 버린다.

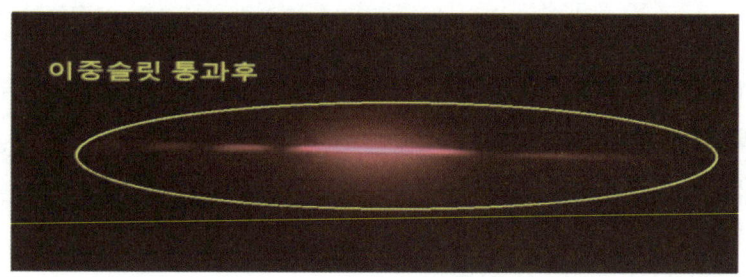

 일정한 색을 가진 레이저 빛은 빛이 지나가는 과정을 눈으로 볼 수 있을 정도로 이미 광자 수준의 빛은 없어지고, 가시광선 수준의 주파수로만 이루어졌다. 이 상태의 빛은 파동과 주파수가 혼합된 형태로 존재한다.

촛불(파라핀을 연료로 하는 자연광) → 빛은 입자다.

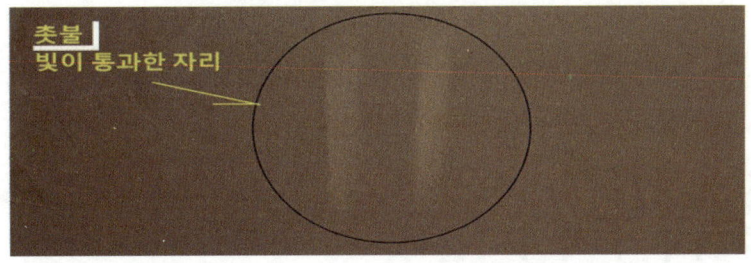

　자연에서 발생하는 빛은 가시광선뿐만 아니라 눈으로 볼 수 없는 여러 가지 광자상태의 빛이 혼합된 상태다. 빛이 장벽에 부딪히기 전에는 빛이 있는지도 모르는 광자상태로 빛이 구성되어 있다.

실험결과, 빛은 본래부터 입자와 파동으로 구분되어 있다.
　빛이 관찰자가 '있느냐?'와 '없느냐?'의 차이로 입자와 파동의 차이가 나누어지지 않는다. 관찰자는 입자와 파동을 구분하는 데에 아무런 영향을 주지 못한다. 실험할 때, 어떤 빛으로 실험을 하느냐에 따라서 실험결과가 달라진다.

　빛은 처음에 태어날 때는 입자로 태어난다. 다양한 크기가 있겠지만 광자의 회전수가 상당히 높은 상태이고, 회전수에 따라서 많은 종류가 있을 뿐이다. 회전수가 많다는 것은 젊다는 것을 의미한다. 3차원 세계에서 만들어진 광자는 강한 회전수로 인해서 스스로 움직인다.

　레이저 빛과 같은 종류의 빛은 광자와 파동의 혼합이다. 하지만 적색광은 광자의 껍질이 거의 사라진 파동으로 이루어져 있다.

자동차가 멀어지는 소리는 주파수가 작아지는 것

소리의 도플러 효과

도플러 효과는 1842년에 이 원리를 처음으로 제시한 오스트리아의 과학자 크리스티안 도플러의 이름을 딴 것이다. 나에게서 멀어지는 차량이 내는 소리는 주파수가 낮게 들리고, 나에게 다가오는 차량이 내는 소리는 주파수가 높게 들린다는 일반적인 현상에 기초한 이론이 도플러 효과이다.

여기서 생각해 볼 일은 '내가 소리의 주파수를 들을 수 있는 시간은 얼마나 되나?'이다. 나에게서 멀어지는 차량의 소리를 듣는다면, 차와의 거리는 300M이고 소리의 속도가 300M(실제는 340M)이고, 그리고 차량이 발생시키는 소리의 주파수를 300Hz라고 가정하자.

정지해 있는 내가 30m 속도로 멀어지는 자동차 소리는 1.1초 동안 들을 수 있다.

차량이 멈춰 있다면 1초 동안 발생시킨 차량소리의 주파수는 300Hz로 어디서나 동일하게 1초간만 들릴 것이다. 차량이 초당 30m의 속도로 나에게서 멀어진다면, 내가 들을 수 있는 차량소리의 시간은 1.1초가 될 것이다.

300m 거리에서 발생시킨 소리는 1초 후에 들을 수 있을 것이고, 1초 동안 30m가 멀어진 곳에서 발생시킨 소리는 그보다 1.1초가 더 걸릴 것이다.

1초 동안 자동차는 30m만큼 더 멀어진 330m 지점에서 소리를 내고 있기 때문이다. 330m는 소리가 1.1초 동안 가는 거리이다. 따라서 나는 자동차가 1초 동안 내는 소리를 1.1초 동안 듣는 것이다. 주파수는 같은데 파장은 늘어질 수 있는 상황이다.

자동차가 가까워지는 상황이라면 똑같은 소리를 0.9초 동안 듣게 된다. 주파수는 10%만큼 증가하고 파장은 10%만큼 짧아진다.

소리의 속도도 줄어들 것이다.

　초음속으로 날아가는 총알의 소리는 나에게 가까워질 때까지 만드는 소리만 들을 수 있을 뿐이고, 지나간 소리는 들을 수가 없다. 총알이 지나가는 소리는 파장이 짧은 찢어지는 소리이고 거기까지만 들을 수 있다. 지나가고 난 뒤에 만들어지는 파장이 길어진 소리는 들리지 않는다.

소리는 속도도 줄어들어서 1.12초 동안 듣는다.

　마찬가지로 자동차가 멀어지면서 내는 소리의 속도도 자동차의 속도만큼 줄어들 것이다. 소리는 공간의 한계에 접근하지 못했다. 소리의 속도 에너지는 상대적으로 줄어들 수 있다.

　나에게서 30m의 속도로 멀어지는 자동차의 소리가 나에게 전달되는 속도는 300-30=270m로 줄어들어 있을 것이다. 그러면 내가 듣는 자동차의 소리는 300m 거리에서 소리는 270m의 속도로 나에게 전달되기 시작하면서 1.1초 후에 내가 듣기 시작한다(300/270=1.1초).

　자동차가 30m를 지나갈 때에 내는 소리는 처음 소리를 들은 후부터 1.22초 후에 들릴 것이다(330/270=1.22초). 그래서 나에게서 멀어지는 자동차의 1초 동안 내는 소리를 나는 1.12초 동안 듣는다((1+1.22)-1.1)=1.12). 소리의 파장은 12%만큼 늘어난다.

멀어지는 태양의 빛은 어떻게 되나?

빛의 속도로 멀어지는 별-1은 영원히 볼 수가 없다.

빛의 경우에는 약간 다른 현상을 보인다. 나는 정지해 있고, 태양의 빛의 속도는 초당 30만 km이다. 빛과 동일한 속도로 나에게서 멀어지는 별-1이 있다고 하자. 또한 정지해 있는 별-3이 있다고 하자.

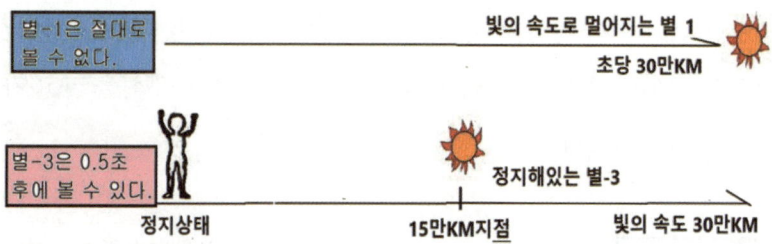

별-3의 빛은 0.5초 만에 볼 수 있다. 별-1의 빛은 광속과 같은 속도로 멀어지고 있으므로 별-1이 나에게 보내는 빛은 없어진다. 앞의 [6-2]에서 설명된 바와 같이 빛의 속도는 변하지 않는다.

속도가 변하지 않는 범위는 적외선 주파수인 10^{14}까지만이다. 그 이하로 줄어든다면 더 이상 빛이 아니고 속도도 광속이 되지 못한다.

별-1이 광속의 99.9999%로 멀어질 때까지는 볼 수 있다.

태양이 감마선을 분출한다고 가정한다면 주파수는 10^{20}이다. 광속 불변의 원칙을 지키는 별의 속도는 주파수는 10^{14}까지일 것이다. 별-1이 광속의 99.9999%의 속도로 멀어질 때까지는 별-1이 나에게 빛을 보낼 수가 있다. 그때까지는 나는 별-1을 보거나 관측할 수 있다.

이때는 내가 볼 수 있는 빛은 감마선이 아닌 적외선이 될 것이다. 그 이상의 속도로 멀어진다면 별-1이 나에게 빛을 보낼 수조차 없게 된다. 빛이 사라지기 때문이다.

광속의 절반의 속도인 우주선을 타고 있고,
똑같은 속도로 날아가는 우주선을 타고 있다면?

또한 나에게서 빛의 속도의 절반인 15만 km의 속도로 멀어지는 별-2가 또 있다고 하자. 나는 광속의 절반이나 되는 우주선을 타고 가고 있다고 생각하자.

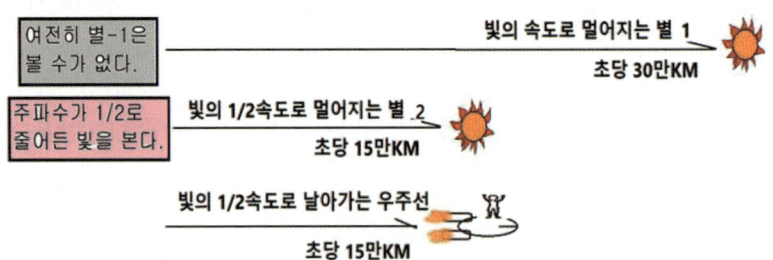

빛의 속도로 멀어지는 별-1은 여전히 볼 수가 없다. 별-1은 내가 있는 방향으로 빛을 보낼 수조차 없다.

광속의 절반의 속도로 날아가는 나는 똑같이 광속의 절반으로 나에게서 멀어지는 별-2를 본다면 정지상태에 있는 내가 정지상태의 별을 보는 것과 같을 것이다.

별-2는 내가 있는 방향으로 평소보다 절반의 주파수로 보내는 빛을 보내겠지만 나도 광속의 절반으로 별-2에게 다가가고 있으므로 (별-2의 광속의 -1/2+내 우주선의 광속의 1/2)=0이 되면서 상쇄되므로 애초에 별이 분출하는 빛의 파장을 그대로 볼 수가 있다. 정지상태와 같다.

정지상태의 내가 별-1, 별-2, 별-3을 본다면?

우주에서는 정지상태라는 것은 없다고 한다. 내가 발을 딛고 서 있는 지구조차도 끊임없이 움직인다. 정역학보다는 동역학이 더 어울리는 우주다. 움직이는 상황에서는 시간의 왜곡에 대한 변수를 무시할 수가 없다.

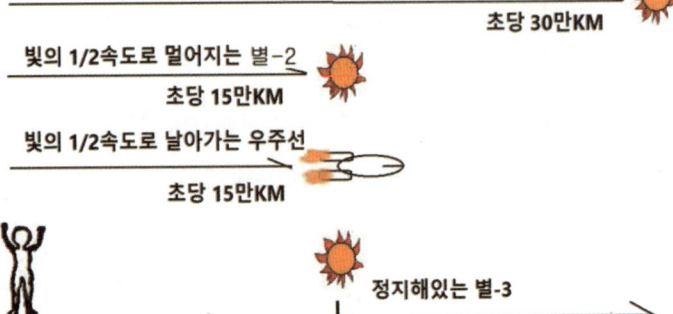

　별-1, 별-2, 별-3이 모두 10^{20}의 주파수를 가진 빛을 방출하고 있다면, 별-3은 0.5초 후에 10^{20}의 주파수를 가진 빛을 볼 수 있다. 별-2는 0.5초 후에 0.5×10^{20}의 주파수를 가진 빛을 볼 수 있다. 별-1은 나는 무한정 기다리더라도 어떤 주파수의 빛도 볼 수가 없을 것이다. 빛이 사라졌기 때문이다.

　소리의 경우에는 속도 감소라는 현상이 따라오지만, 빛은 속도 감소는 없다. 이러한 현상은 광속 불변이라고 한다. 광속은 불변이지만 주파수는 줄어든다. 주파수가 줄어든다는 것은 광자의 에너지가 감소하고 있다는 뜻이다. 파장은 길어진다. 적색편이의 현상과 비슷한 상황이 된다.

　광자가 가지고 있는 양자는 언제나 빛보다 비교하기 어려울 정도의 빠른 속도로 움직이고 있다.

적색편이가 우주가속팽창의 증거라고?

적색편이는 물체가 내는 빛의 파장이 늘어나 보이는 현상이다. 일반적으로 전자기파의 가시광선 영역에서, 파장이 길수록 붉게 보인다. 측정된 스펙트럼이 붉은색 쪽으로 밀리는 경우를 적색편이라 부른다. 반대는 당연히 청색편이다. 앞의 [7-3]과 [7-4]에서 본 바와 같다.

적색편이의 측정과 방법

별들의 적색편이를 측정하려면, 먼저 그 별이 내는 빛의 스펙트럼을 얻는다. 만약에 측정한 스펙트럼에서 방출선이나 흡수선을 포함하고 있다면, 적색편이 지수값을 구하기가 쉬울 것이다.

다음으로는 가까이 있는 태양과 같은 별들에서 그 별들이 내는 빛의 스펙트럼을 구하거나, 실험실에서 측정해 두었던 흡수선과 관련된 원소의 파장을 표준값으로 정한다.

이러한 흡수선들은 별들이 내는 빛이 어떤 특정한 원소들로 이루어진 별들의 가스층을 통과하면서, 그 원소들이 특정 파장의 빛만 선택적으로 흡수하기 때문에 발생한다. 측정한 스펙트럼에서 흡수선들의 패턴이 발견되면, 실험실에서 측정해 두었던 원소의 파장과 비교한다. 비교적 믿을 만한 표준이 정해진다.

적색편이의 지수는 목표한 별의 스펙트럼 측정 수치에서 표준 스펙트럼 수치를 뺀 차이값을 표준 스펙트럼 수치로 나눈 값이다. 아주 단순한 계산이다.

적색편이의 종류,
광자수명론에 의한 적색편이가 추가되어야 한다.
적색편이는 몇 가지 종류가 있다. 앞에서 본 도플러 효과에 따른 적색편이와 우주론적 적색편이와 중력에 의한 적색편이 현상이 있다.

외부 은하들로부터 관측되는 적색편이는 우주팽창에 따른 우주론적 적색편이이다. 여기에 천부경의 이론에 의한 광자의 수명에 따른 적색편이는 추가해야 할 것 같다. 광자 수명에 따른 적색편이는 우주론적 적색편이와 같은 의미다.

지구와 별들 간의 거리 측정
1a형 초신성의 폭발은 지구에서 별들 간의 거리를 측정하는 데 필요한 현상이다. 태양과 같은 주계열성 별들이 다 타고 죽는 과정에서 만들어지는 별이 적색거성이다. 적색거성이 더 진행하면 무게 대비

밀도가 지극히 큰 백색왜성이나 중성자별이 만들어진다.

 적색거성이 백색왜성 또는 중성자별에 접근하게 되면, 적색거성의 가벼운 물질들을 빨아들인다. 그리고 빨아들인 백색왜성의 질량이 태양 질량의 1.44배에 이르는 순간 폭발이 일어난다. 이때 폭발하는 순간의 무게가 태양 질량의 1.44배로 특정되어 있다. 그래서 이런 종류의 초신성이 내뿜는 빛의 밝기는 전부가 비슷하다는 가정을 하게 되고, 이 별의 밝기가 기준점이 될 수가 있다.

 1a형 초신성이 우주의 여기저기에 존재한다면, 폭발 당시의 밝기를 기준으로 별들까지의 거리를 판단할 수 있게 되는 것이다.

발견된 가장 먼 은하
 현재 발견된 지구에서 가장 먼 은하는 134억 광년이 떨어져 있다고 한다. GN-z11 은하로 허블망원경으로 관측했다고 한다(광행 거리 기준은 320억 년).

 적색편이 지수는 13.6이라고 한다. 파장이 13.6배가 길어졌다는 의미와 같다. 주파수는 13.6분의 1만큼 줄었다는 것과 같다.

 천부경의 광자의 에너지 역학으로 본다면, 광자의 에너지는 $1/(13.6 \times 13.6)$만큼 줄어들었다. 에너지는 속도의 제곱에 비례하기 때문이다.

 천부경의 광자수명론을 적용하면, 이때 측정된 광자는 전체 수명의 1%도 남지 않은 아주 늙어버린 상태라는 것을 뜻한다.

**적색편이의 해석방법을 우주팽창에 고정시킴으로써
우주의 가속팽창을 추론하게 만들었다.**

우주의 가속팽창은 시간에 흐름에 따라서 더 빠르게 팽창하게 된다는 용어이다. 1992년에 처음으로 제안한 사람은 천문물리학자 조지 펄이다. 1992년에 발견된 1a형의 초신성이 적색편이를 나타낸다는 것을 발견함으로써 우주의 팽창이 가속되고 있다는 주장의 근거가 마련되었다.

천문학계에서는 멀리 떨어져 있는 은하일수록 큰 적색편이 값을 나타낸다는 사실은 우주팽창의 근거라고 생각하고 있다. 가속팽창을 하는 우주에서 은하가 우리에게서 멀리 떨어져 있을수록 적색편이의 값이 더 크게 나타나기 때문에, 갈수록 더 빠른 속도로 우주가 팽창하고 있다고 생각하는 것이다. 물론 인정하지 않는 학자들도 있다. 그러나 결정적인 반론은 나오지 않고 있는 것으로 보인다.

우주가속팽창을 위해서
암흑에너지가 생겨났다

먼 은하들은 왜 더 빠르게 멀어지나?
암흑에너지가 도입된다.

은하들은 멀리 떨어져 있을수록 왜 빨리 멀어지고 있을까? 인간이 알지 못하는 힘이 존재한다고 가정하는 계기가 되었다. 이 에너지를 암흑에너지(unknown energy)라고 한다. 암흑에너지는 순전히 우주의 가속팽창의 가설에서 생겨난 개념이다. 암흑에너지는 끌어당기는 힘이 아닌 은하들을 외부로 밀어내는 힘이다.

우주 전체를 밀어내야 하는 만큼 이 우주에서는 가장 큰 힘이 될 것이다. 암흑물질의 25%보다 훨씬 큰 69%에 달한다고 한다.

우주 전체가 회전하고 있다면
원심력이 암흑에너지의 정체가 될 수도 있다(실제론 불가능).

암흑에너지는 무엇인지 잘 모른다. 필자가 생각하기론, 가상의 우주의 중심으로부터 우주 전체가 회전을 하고 있다면, 개별 우주들은 각자가 중심으로부터 탈출하려는 원심력을 가지게 된다고 볼 수 있다.

태양계는 태양의 강력한 중력이 중심에 자리 잡고 있다. 행성들이 공전을 하면서 빠르게 움직이면서 밖으로 탈출하려 하고 있지만, 태양의 중력이 있어서 태양의 주변을 공전하고 있다. 태양계는 탈출하려는 힘과 끌어당기는 힘이 균형을 이루고 있는 것이다.

현재의 우주와 같이 가속팽창하면서 서로 간의 거리가 멀어지는 상황이라면, 우주가 회전하고는 있지만 우주의 중심에는 원심력에 맞서는 강력한 중력이 존재하지 않는다고 볼 수 있다. 우주의 중심에 강력한 중력이 존재하지 않는 상황에서 공전에 따른 원심력의 발생한다면, 우주는 밖으로 흩어질 것이다.

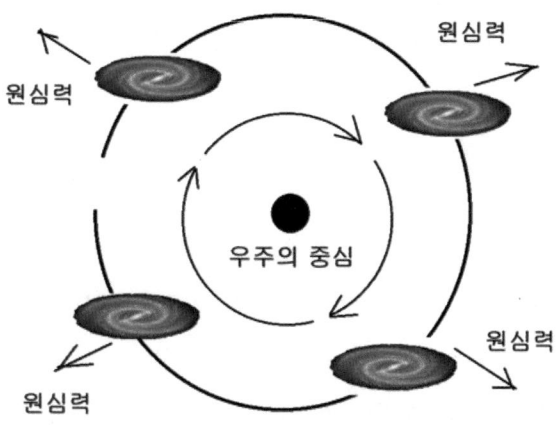

그러나 이런 가정이 설득력을 얻으려면, 가상의 중심이 있어야 한

다. 그래야만 특정한 중심에 대하여 벗어나는 힘을 얻을 수 있을 것이다. 그리고 그 힘이 암흑에너지라고 생각한다면 우주에서 가장 큰 힘이 된다는 것은 당연한 일이다. 그러나 그런 것은 발견된 적이 없다.

빅뱅이론의 등장과
빅뱅의 표준모델

**우주의 가속팽창을 거슬러 올라가면
태어난 시작점인 한 점이 나타난다.**
 천문학자들은 적색편이로 인해, 지금 현재도 우주는 끝없이 팽창하고 있다고 생각하고 있다. 가까이 있는 은하보다 멀리 있는 은하들이 지구로부터 더 빨리 멀어지고 있다고 한다. 우주 전체가 가속팽창하고 있다는 것이다.

 팽창하고 있는 이 현상은 과거에도 지속적으로 일어났다고 가정한다면, 과거로 거슬러 올라가면서 언제일지 모르는 우주가 처음 생겨났을 당시로 거슬러 올라갈 수 있다.

 결국에는 한 개의 작은 점에 도달하게 된다. 이 작은 점이 우주의 시작점이라고 생각하고, 이 작은 점이 시작이 되려면 어떤 조건이 갖추어져야 하는지를 계산한다.

그리고 시간대별로 가능한 조건들을 산출해 내는데, 우주가 시작된 지 1초 이후부터는 물리학적인 이론이 맞아 들어가지만 1초 이전에는 물리학으로는 도저히 불가능한 조건이 실현되어야만 하는 상황이 산출된다.

그래도 여러 학자들의 합의를 거쳐서 현재는 빅뱅이론이 우주의 표준모델로서 자리하고 있다. 시간적으로 그 시작점이 지금으로부터 138억 년 전이라고 한다.

빅뱅의 물리학적 증거들

빅뱅의 증거로서 빅뱅 초기에 방출된 빛이 식어서 우주에 남아 있다고 주장하는 우주배경복사, 수소와 헬륨의 질량비가 빅뱅에서 예측과 계산한 대로 3대 1이었다는 점, 은하 간의 거리가 멀어지고 있으면서 멀어지는 속도가 그 은하까지의 거리에 비례한다는 점 3가지를 들고 있다.

그러나 수소와 헬륨의 질량비와 우주배경복사는 빅뱅의 조건이 아니라도 만들어질 수 있는 것은 아닌가?

전체 우주가 한 점에서 폭발을 하면서 생성되는 물질이나 에너지가, 우주의 여러 군데서 동시에 또는 시간을 두고서 팽창이 진행된다고 하더라도, 동일한 결과를 만들어낼 수도 있다고 본다.

이렇게 우리가 사는 우주는 만들어졌다. 빅뱅 초기에는 응축된 에너지가 많아서 급속히 팽창했다고 하지만 138억 년이나 지난 지금은 복사에너지가 2.7도에 불과할 정도로 초기의 에너지는 모두 고갈되었다.

우주 전체의 2.7도의 에너지가 작은 한 점에 모이면 온도와 압력이 얼마나 될까? 이렇게 역산하여 가정하는 것이 옳은 전제일까?

빅뱅의 표준모델(물리학 이론)

138억 년 전의 특별한 한 점이 폭발하면서 오늘의 우리가 살고 있는 거대한 우주가 만들어지려면, 처음의 한 점에서 있었던 물리적 환경이 어땠을지 물리학계에서 시간대별로 추정했다.

우주가 만들어지는 가장 처음에는 시간과 공간과 에너지는 무한히 작은 점에서 출발했다. 왜 무엇이 빅뱅을 시작하게 했는지는 물리학계에서 아직 알지 못한다.

10^{-43}초가 되기까지는 어떤 것도 알 수가 없다. 물리학의 법칙에 부합하는지도 알 수가 없다. 이후로 얼마 지나지 않아서 입자들이 빛의 속도로 서로 충돌하는 아주 뜨거운 입자수프 상태가 되었다. 이때는 입자들이 서로를 파괴하면서 또다시 에너지를 발생시키고, 생성과 소멸을 반복했을 것으로 추정된다.

이 작은 점에서 빛보다 빠른 속도로 팽창하는 첫 구간을 인플레이션 구간이라고 부른다. 이 시기에는 에너지가 고도로 밀집되어 있어서 온도가 극도로 높았다.

우주가 팽창하면서 공간과 시간도 확장되었다. 우주가 팽창하면서 에너지가 퍼져나가면서 온도는 내려갔다. 우주가 식어가면서 입자 수프도 미지근해졌으며, 입자들의 움직임도 느려졌다. 입자들끼리의 충돌도 줄어들었다. 그러자 입자들 간에 작용했던 힘들이 입자의 행동에 영향을 미치기 시작한다.

10^{-36}초가 되기까지는 절대온도 10^{28}도의 높은 온도와 압력에서 입자들은 빛과 같은 속도로 서로 충돌하면서 빛보다 빠른 속도로 우주는 과속팽창을 하면서 우주가 만들어졌다고 한다.

10^{28}도라는 온도는 1조 도의 1조 배에서 또 1만 배를 곱한 지극히 높은 온도다. 정상적인 온도가 아니다. 10^{-36}초라는 수치도 인간이 상상할 수 있는 시간이 아니다. 시간이 왜곡이 일어난다고는 하지만 현실에서 상상할 수 있는 단위는 아니다.

10^{-10}초가 되면서부터 물질이 반물질을 압도하기 시작한다. 아직까지 온도는 1조 도의 1천 배에 달한다. 입자들은 엄청난 온도에서 빠르게 움직이면서 충돌을 할 뿐이다.

10^{-4}초가 지나자 우주의 온도는 쿼크라는 물질입자들이 서로 튕겨 나가지 않을 만큼 온도가 내려갔다. 그래도 10^{12}도나 된다. 강력으로 인해 쿼크들이 3개씩 결합한다. 업쿼크와 다운쿼크들이 2가지 방식으로 결합하면서 합성입자가 발생한다. 이들을 기초로 기본입자가 만들어진다.

10^{-2}초가 지나자 온도는 10억 도까지 내려갔다. 온도가 높고 물질의 밀도가 높아서 양성자들은 서로 충돌했고, 이중에서 일부가 강력에 의해서 결합한다. 수십 초가 지나면서 약력이 작용하면서 양성자와 중성자가 결합하고 중수소핵이 탄생한다.

38만 년이 지나는 시점에서 우주의 온도는 3천 도까지 내려간다. 전하는 양전하를 띠는 핵이 끌어당기는 힘을 이기지 못하고 결합하면서 수소와 헬륨을 만든다.

이때 만들어지는 수소와 헬륨은 입자들을 더 크게 뭉치게 만들었으므로 자유로운 전하들이 흡수되어 줄어들게 된다. 우주의 공간에는 온도도 낮아지고 공간도 많이 생겼다. 입자들 사이로 빈 공간이 생기면서 남아 있던 광자는 우주로 방출되기 시작한다. 이때 탈출했던 빛이 우주 최초의 빛이다.

빅뱅은 단순한 논리로 인정받았다.
이러한 빛이 우주 전체에 수십억 년 동안에 우주에 퍼지면서 우주 전체를 평균적으로 얼마나 뜨겁게 만들었는지의 온도를 측정한 것이 우주배경복사이다.

이것을 측정한 측정치의 온도가 이론적으로 계산한 우주의 온도와 일치하였다. 이것이 빅뱅이론이 실재했었다는 증거가 되면서 각광을 받게 된다.

[7-8]

천부경으로 보는 빅뱅과 암흑에너지

빅뱅의 비현실적 가정

우주배경복사의 온도는 절대온도로 2.7도로 측정되었다. 섭씨로는 -270.4도가 된다. 빅뱅의 우주 중심의 한 점은 가상의 점이다. 실제로 발견된 점이 아니다.

현재의 우주복사 온도와 우주의 크기를 측정하고, 전체의 에너지를 한 점으로 우겨 넣는다. 한 점에서 모여지게 되는 전체 에너지를 압력과 온도로 표현을 한다. 그러면, 측정치와 가정으로 우겨 넣은 계산치는 동일할 수밖에 없다. 반대의 경우도 마찬가지다.

가정된 그 한 점의 온도와 압력은 정상적이지 않다. 과연 그런 조건이 현실이었을까? 자세히 내용을 들여다보면 그대로 수용하기 어려운 부분이 많다.

빅뱅이론에서 밝혀주는 우주의 생성 초기에 언급되는 거의 실현 불가능한 시간은 1초도 되지 않는 짧은 시간이다. 10^{-43}초, 10^{-36}초, 10^{-10}초 등의 시간은 강력한 중력이 작용하는 상황임을 감안한다면, 그 내부에 있었던 존재들은 시간의 왜곡이 일어날 수 있는 점을 감안할 때, 수십만 년 또는 수천만 년에 해당하는 시간이 될 수도 있다. 1조 도의 1조 배에 이르는 온도와 압력도 정상적인 가정은 아니다.

천부경에서는 가혹한 조건에 부딪히면 상변이로 모든 것을 바꾼다. 빅뱅은 없었다.

천부경에서 말하는 우주는 물리적으로 나타나는 현상들에서 결코 비정상적인 상황을 허락하지 않는다. 어쩌면 물리학보다도 더 과학적인 상황을 제시한다.

정상적이지 않은 상황을 맞이한다면, 움직이지 않거나 상의 변화를 통해서 정상적인 상황으로 유도한다. 그래서 우주에는 같은 것이라도 몇 가지의 상들이 존재한다.

기체-액체-고체가 그러한 상황 변화의 하나의 예가 된다. 양자들이 뭉쳐서 쿼크입자가 만들어지고 원자가 만들어지는 것이나, 가스가 뭉쳐서 태양이 만들어지고, 적색거성과 백색왜성이 만들어지는 모든 것들이 우주의 상황 변화에 대응하는 자연스런 변화의 예다.

지구상에서 이산화탄소가 많다면 이산화탄소를 사용하는 생물이 생기고, 산소가 많아진다면 산소를 이용하는 생물이 많아지는 것도 같은 상황 변화의 예이다.

생명들도 알에서 애벌레가 되고, 나방으로 변신하고, 알을 낳고 죽는 과정을 만드는 것도 영원한 삶을 이어가는 목표를 실현하는 방법의 하나인 것이다.

우주에는 (0)차원이 존재하면서 우주에 제시되는 무리한 조건을 (0)차원으로의 변신을 통해서 해결한다. 빅뱅과 같은 무리한 가정을 하지 않더라도 우주가 창조될 수 있는 상황으로 이끈다. 현재의 물리학 이론을 벗어나는 무리한 전제가 없더라도 말이다.

그런 점에서 천부경의 이론은 먼 옛날에 존재했을 것으로 예상되어지는 하나의 중심만 존재하는 정상적이지 않은 빅뱅은 일어나지 않았을 것이라고 말하고 있다.

광자의 수명론을 적용한다면,
적색편이로 인한 우주가속팽창론을 주장하기 어렵다.
현재 천문학에서 모든 측정의 근거로 생각하는 적색편이는 현실에서 분명히 존재한다. 단순히 나에게서부터 멀어지고 있는 별에 대한 적색편이만 존재하고 있는 것은 아니다.

천부경에서 예측한 것처럼 광자가 수명이 있다고 가정한다면, 그 역시도 적색편이가 발생한다. [6-10]의 광자의 에너지 역학 부분에서도 살펴보았듯이, 광자의 에너지는 양자의 운동에너지와 관련이 많다. 광자 속의 양자는 광자에 숨어서 겉으로 드러나지는 않지만, 광자의 힘의 세기와 수명에 가장 큰 영향을 준다. 양자의 운동에너지가 곧 광자의 에너지이기 때문이다.

광자의 수명론은 적색편이에 영향을 미치게 된다. 지구로부터 멀어질수록 광자의 에너지는 거리의 제곱에 반비례하면서 줄어든다. 거리가 먼 은하일수록 더 큰 적색편이가 측정되게 되는 것이다.

가상의 우주 중심도 없다. 암흑에너지도 없다.
광자수명론을 고려한다면, 우주의 가속팽창은 나올 수 없는 이론이다. 암흑에너지도 존재하지 않는다. 더불어서 빅뱅도 등장하지 않았을 것이다.

빛은 질량이 0에 가깝다. 광자는 광속을 훨씬 초과하여 날아갈 수 있는 큰 에너지로 만들어졌다. 광자는 진행과정에서 다소의 저항을 만나더라도 속도가 줄어들지 않고 회전수가 줄어드는 방법으로 광자의 저항에 대한 문제를 해결할 것이다. 이것은 파장이 길어짐으로 인한 적색편이가 나타날 수 있는 또 다른 과정이다.

암흑에너지를 생각하게 만든 원인이 적색편이라고 한다. 천부경에 의하면 광자가 가진 에너지는 광자의 부속품인 양자의 운동에너지가 기본이 된다. 양자의 운동에너지가 감소하면 줄어드는 만큼 광자의 주파수가 감소한다.

우주가 가속팽창하지 않더라도 적색편이가 발생하는 것이다. 따라서 우주를 가속팽창시키는 이론을 등장시키지 않더라도 우주의 모든 물리적인 현상은 정상적이다. 암흑에너지가 필요가 없게 된다.

극한으로 치달으면 없어지는 단계로 들어간다.

(0)차원으로 들어간다는 의미이다. 초고온, 초고압이 계속되고 시간이 짧아지는 상황이 계속된다면, 2가지의 선택이 앞에 놓인다. 하나는 전혀 움직이지 않고 더 이상의 가혹한 조건을 허용하지 않거나, 모든 것이 사라지는 단계가 앞에 놓이는 것이다.

온도도 없어지고, 압력도 없어지고, 시간도 없어지는 상황이다. 이것이 (0)차원이다. 그리고 대처하는 방법도 달라진다.

광자의 속도가 30만 km로 제한이 있듯이, 온도와 압력과 시간에도 갈 수 없는 단계가 존재한다. 그런 단계에 이르면 아무리 에너지를 들이부어도 증가하지 않는 상황이 한계점이다.

그런 상황이 온다면, 광자가 광속을 돌파하고자 한다면 천문학적인 에너지를 추가하는 것이 아니라 질량을 절대 0으로 만들면 가능할 것이다.

온도를 높이려고 해도 산술적 계산치보다 기하급수적으로 많아지는 필요한 에너지의 양이 필요하다면, 더 이상 온도를 높일 수가 없다. 그러면 마찬가지로 (0)차원의 존재로 변신해야 한다는 뜻이다. 이런 상황은 수행승들이 평생을 탐구하고 도달하려고 목숨까지 걸면서 매달리는 상황과 같은 것이다.

이것은 천부경의 이론으로 우주를 보는 방법으로 본인이 만들어낸 추론이다. 사실상 광자가 시간이 지나면서 늙어간다는 전제를 한 다음에 성립된다.

제8장
천부경에 의해 정리하는 우주론

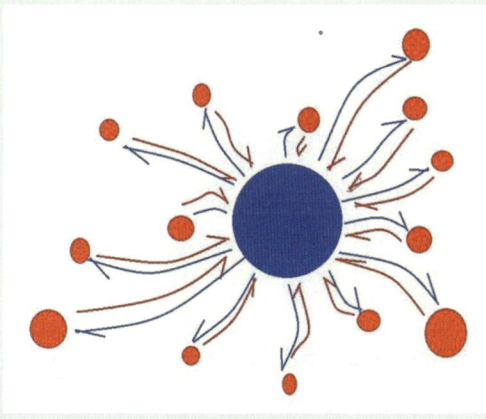

블랙홀과 우주 중심이 얽혀 있는 은하의 개념도

천부경은 우주와 사물의 원리를 말하고 있다

우주가 시작하는 원리

'일종무종일'은 '(일)도 끝나고 (무)도 끝나는 것은 동시에 이루어지는 일이다'라는 뜻이다. (음)과 (양)과 (본)으로 이루어지는 3차원 세계의 물질은 죽게 되면, (일)이 (0)차원으로 들어가는 것과 (무)가 (0)차원으로 들어가는 것이 동시에 일어나는 일이라는 뜻이다. 3차원의 세상에는 아무것도 남지 않는다.

'일시무시일'로 시작한다는 것은 암흑물질의 생성으로 해석되는 진공에서의 끊임없는 움직임으로 우주의 시작을 알린다. 이 상황도 (일)이라는 존재와 (무)라는 존재가 함께 움직인다.

우주가 시작하는 원리나 양자가 시작하는 원리나 같다.

우주가 시작하는 데 적용될 이 구질은, 이미 양자가 형성되는 부분에서 언급되었다. 양자가 태역-태초-태시-태소의 과정을 거치면서 양자가 만들어졌듯이, 우주에서도 똑같은 과정을 거쳐서 은하와 전체 우주가 만들어지게 될 것으로 보인다.

천부경에서의 이 내용들은 양자를 만드는 아주 작은 세계의 움직임을 말하기도 하지만, 우주와 같은 큰 세계를 만들어 가는 이론에도 적용될 수 있는 일반적인 이론이라는 뜻이다.

천부경의 이론에 의한 작은 과정이 한 차례 지나고 나면, 또다시 조금 더 큰 차원에서 똑같은 과정이 반복되고, 지속해서 더 크게 작용하는, 같은 이론이 중첩되고 중복되는 과정을 말하고 있다.

동양의 철학은 직관을 중시한다. 그러나 논리적인 흐름이 정확하지 않다면 공허한 말장난에 불과할 것이다. 논리적인 흐름이 틀리지 않다는 것은 현실로 증명하는 수밖에 없다. 증명의 문제는 인간 능력의 한계로 인해서 불가능한 부분을 제외하면, 이어지는 책에서 계속 진행될 예정이다. 단계적으로 증명되어질 것이다.

천부경은 단계별 반복이론이다.

천부경에서의 우주는 넓고 넓은 공간에서 한 단계-한 단계의 과정을 거치면서 점차적으로 만들어진다고 추론할 수 있다. 원리는 하나이지만 반복적으로 작용한다. 자연의 원리를 거스르면서 무리를 할 필요가 없다.

그에 비하면, 빅뱅이론은 모든 것을 한 개의 시작점으로 가정을 하여 역산함으로써, 스스로 무리한 설정을 했기 때문에 이해가 불가능한 부분이 생겨났다고 본다.

물론 천부경으로 해석을 한다는 것이 반드시 옳다는 주장을 하려는 것이 아니다. 자연의 법칙에 어긋나지 않는 원리가 무언지를 찾고자 하는 것뿐이다. 그래서 천부경의 원리가 자연의 원리를 얼마나 정확하게 반영하고 있는지를 확인하는 과정이 필요하다는 것을 말하고 있는 것이다.

우주의 시작이나 끝을 말할 수는 없다.
앞에서 언급한 중복과 중첩의 원리인 천부경은 그 내용의 특성상 '언제 시작되었는지?'와 '언제 종말이 오는지?'를 예측할 수는 없다. 똑같은 원리가 계속 반복되어지기 때문에 언제까지 반복될지를 알 수 없기 때문이다. 아마도 우주의 시작과 끝은 애초에 없었던 것일 수도 있다.

그래서 천부경이 말하는 우주의 창조는 언제 어디서 시작했는지는 알 수가 없다. 한 점이라는 빅뱅에서의 그 시작점이 되는 우주의 중심은 한 곳이 아닌 여러 곳에서 발견될 수도 있다. 그리고 시간 차이를 두고 지속적으로 창조활동이 벌어진다.

현재도 우주의 빈 공간에서는 작은 빅뱅이 일어나고 있을 것이다. 3차원의 감각만을 지닌 인간들은 알아채지 못할 아주 작은 움직임이 지금도 시작되고 있을 것이다.

질량과 중력의 관계

질량과 중력의 관계

우주에서 가장 기본적인 힘이라고 생각되는 중력은 어떤 상태에서 발생하게 될까? 중력은 일반적으로 질량이 형성된다면 중력도 있다고 할 수 있다. 질량은 에너지와 같다. 에너지가 있는 곳에는 중력이 있다.

에너지의 결실이 만들어내는 최초의 물질이 양자상태라면, 양자가 3차원 세계에 존재하는 물질이므로 반드시 질량도 있고 중력도 존재할 것이다. 그러나 그 세부적인 일들은 어떻게 다를까?

암흑물질과 광자는 질량은 없지만 중력은 존재한다.

양자가 만들어지기 이전에 양자를 만들기 위해서 노력하는 단계를 암흑물질이라고 한다면, (0)차원에서 3차원으로 나타나려는 힘이 작용하고 있다. 이때는 항상 (+)의 힘과 (-)의 힘이 공존하는 상황이다. (+)

와 (-)의 힘은 서로 상쇄되어서 물리적인 질량의 값은 0이 될 것이다.

그러나 (+)의 힘과 (-)의 힘은 작용하고 있는 상황이고 실체가 있으므로, 그 (+)의 운동과 (-)의 운동에서 표현하는 각각의 에너지값은 존재할 것이다.

이때의 각각의 에너지값에서 전하의 방향성이 반영된 에너지값이 질량이 되고, 전하의 방향성이 반영되지 않은 절대값의 합이 중력값이 된다.

암흑물질은 (+)물질과 (-)물질이 함께 존재한다. 그래서 질량은 상쇄되어 0이 되어 질량값은 나타나지 않는다. 그러나 중력값은 나타난다.

광자상태도 마찬가지다. (+)양자와 (-)양자는 서로 상쇄하는 힘이 강하게 작용한다. 그래서 질량은 0이 될 것이다. 그러나 (+)양자가 발생하는 중력의 힘과 (-)양자가 발생시키는 각각의 힘은 양쪽 모두 존재하고 있는 힘이 되므로 중력은 발생된다.

질량과 중력은 연결된 힘이다.
중력은 극성이 없는 절대값으로 표현된다.
광자상태와 암흑물질의 상태는 (+)와 (-)가 완전히 분리되지 않고 연결된 상태이므로 질량이 측정되지는 않는다. 양자상태에서 양자가 분리된 경우라면 양자의 질량이 0이 아니다. 중력도 0이 아니게 된다.

광자와 암흑물질은 (+)양자와 (-)양자가 완전히 분리되지 않은 상황이다. 질량은 진공상태의 0이 될 수밖에 없다. 그러나 진공에서 찢어지는 힘의 (+)와 (-)의 양쪽의 힘은 모두 존재하므로 중력에서는 절대값이 적용된다.

이러한 상황은 양자 발생 초기에 에너지 보존법칙에 위배되지 않는 상황이다. 물리적인 법칙을 지키면서 탄생된 (+)양자와 (-)양자가 완전히 분리되기 전에 한 개의 개체로 존재하는 경우에만 적용된다. 진공에서 만들어지므로 본래부터도 질량이 존재할 수는 없었다.

양자가 완전히 분리되면 질량이 발생한다.

진공의 상황은 양자가 발생하는 순간에 진공이 아니게 된다. 2개 양자의 덩어리는 만들어지지만 아직까지 질량을 주고받아야 하므로 분리되지 못한다. 그래서 진공의 질량인 0으로 남아 있다. 2개의 양자가 광자로서 같은 공간에 존재하지 못하고 서로 분리된다면, 그때부터 질량이 발생하는 것이다.

진공에서 갓 분리된 상태
-> 질량 0, 진공과 같다.

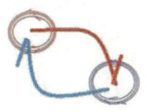

양자가 분리되어 멀리 떨어졌다.
-> 각각 양자의 절대값이 질량이다.

이후로 양자가 서로 다른 독립적인 입자를 구성하게 되거나 멀리 떨어지게 되면, (+)양자와 (-)양자는 얽힘으로 연결되어 있지만, 가까이 있는 것보다는 에너지의 전달상황이 원활하지 못하게 된다.

에너지 전달과정에서 미세한 시간이 소모되므로 한 몸이 아니게 된다. 질량이 상쇄되는 과정이 발생되지 못한다. 이후의 입자 구성과 양성자와 원자핵을 만드는 과정에서 이런 상황은 다시는 발생되지 않는다.

전 과정을 모두 살펴보더라도 질량은 0인데 중력은 0이 아닌 경우는, 최초로 양자를 발생시키는 과정에서 벌어지는 단 한 번의 기회이다.

중력은 우주의 보편적인 힘이다.
중력이라는 단어를 접하면 우리는 뉴턴의 만유인력 실험에서 사과를 떨어뜨리는 장면을 떠올릴 수 있다. 지구가 사과를 끌어당기고 있다고 생각하지만, 사과도 역시 지구를 끌어당기고 있는 중이다.

지구 정도는 되어야 만유인력이 있다고 생각할 수도 있지만, 실상은 우주에 있는 모든 물질들이 모두가 다 중력이라는 힘을 가지고 있다.

우주에 존재하는 물질은 모두가 크기는 다르지만 모두가 중력을 가지고 있다. 우리는 평소에 진히 느끼지도 못하는 힘인 것이다. 우주에서 가장 약하게 작용하는 힘이라고 한다. 물질뿐만 아니고 공간에도 중력은 존재한다.

이 그림은 우주에 퍼져 있는 복사열을 나타내는 지도이다. 절대온도로 보면 2.7도라고 한다. 인간이 295도 정도가 되어야 살아가는 데 지장이 없음을 고려할 때 엄청나게 낮은 온도다.

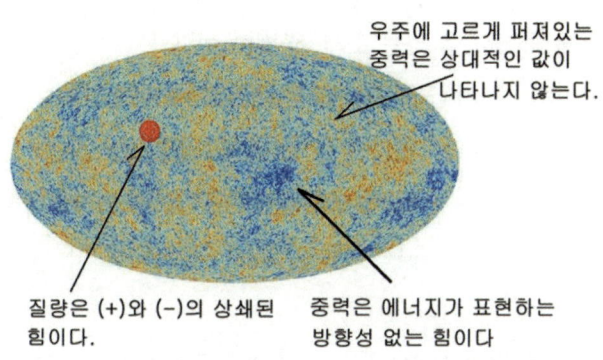

그러나 복사열과 에너지와 중력이 같은 등식이 성립한다고 가정한다면, 우주에 보편적으로 깔린 중력은 아주 얇은 천으로 펼쳐진 상황과 같을 것이다. 인간은 이러한 차이를 인식하지 못한다. 아무것도 없다고 생각할 것이다. 그러다가 태양이나 행성의 중력을 만나면 비로소 중력이 있다는 것을 인식한다.

우리는 평소에도 중력 속에 갇혀 살고 있다. 예를 들어서 달의 중력을 측정해야 한다면 기본중력을 포함해야 할 것이다. 기본중력은 우주상수 정도로 해석될 수 있다.

(달의 중력)=(기본중력)+(달의 고유중력)

(0)차원의 세계에서는 중력도 없다.

(일)과 (무)는 (0)차원에 존재하므로 중력이 나타나지 않는다. 3차원 세계의 많은 속박으로부터 벗어나는 것이 진정한 자유를 얻는 수행승의 목표라면 (0)차원의 경지로 들어가는 것이 득도의 1차적인 관문이 될 것이다.

(0)차원에 들어갈 수 있는 조건, 완전한 질량
0을 달성하는 것이 (공)을 성취하는 것일 수도 있다.

불교의 수행과정에서 수행승이 가장 중시하는 가치가 (공)이라는 것에 주목해야 한다. (공)이라는 행위가 완성되어야 해탈의 경지에 들어가는 기본 조건이 만들어진다. 그곳은 (0)차원이다.

세상의 모든 것은 (+)양자와 (-)양자가 정확하게 질량이 일치하지 않아서 질량 0을 달성하지 못한 것이 현실세계의 모습이다. 그런 작은 차이로 인해서 많은 번뇌가 따른다. 마음이 완전한 (공)을 이룬다면 어떤 번뇌도 생기지 않을 것이다. 그것이 (공)의 상황이라 생각된다.

언제나 (공)을 이루면서 (0)차원에 들어갔다가 나올 수 있는 마음의 경지를 득도라고 할 수 있다.

우주는 3차원과 (0)차원을 가진 양자 차원이다

3차원의 물질에 의지를 가진 존재가 추가로 가세하면 양자 차원이다.
우주에서 측정이 가능하거나 눈으로 볼 수 있는 부분은 3차원이다. 우주에는 3차원의 물질만으로는 존재할 수가 없다. 3차원의 물질은 능동적이지 않다. 의지가 없기 때문이다.

무언가를 하고자 하는 의지는 3차원의 우주에서는 존재하지 않는다. (0)차원에서 존재하면서 나타나고자 하는 의지가 생긴다면, 그 의지는 3차원 세계의 물질을 통해서 실현된다. 물질과 결합된 의지는 그 자체가 생명이면서 양자적 존재이다.

의지를 가진 물질은 (0)차원에서 존재하는 (무)의 에너지와 3차원의 세계에 존재하는 물질이 합해져서 이루어진다. 단순히 말하면, 영혼을 가진 물질이 양자적 존재다.

우주에는 모든 물질이 (무)의 에너지를 가지고 있으므로 양자 차원에서 존재한다. '모든 만물에는 신이 존재한다'는 샤머니즘 사상의 또 다른 표현이다.

광자는 (무)의 존재를 온 우주에 뿌리고 있다.
　광자는 3차원의 존재가 (0)차원의 존재인 (무)를 품고 있는 구조이다. 우리가 눈으로 보는 3차원적 물질은 (0)차원의 존재인 의지가 원하는 대로 움직인다.

　우주에서는 (0)차원의 존재인 (무)의 에너지가 3차원의 세계에서 모습을 드러내고 물질에 결합해야만 물질이 생명을 가진다. 어떤 물질도 (무)의 에너지가 없다면 움직이지 않는다.

　광자가 부지런히 (0)차원의 존재인 (무)의 에너지를 넓은 우주에 뿌리는 것은 우주에 생명이 존재하게 되는 환경을 만드는 데 중요한 과정이기 때문이다.

　우주에 있는 모든 물질은 3차원의 세상에서 보였다가 보이지 않는 것을 반복한다. 3차원의 존재가 (0)차원의 존재인 (무)의 에너지를 만나서 결합하면 물질로서 우주에 모습을 보이게 되고, (무)의 에너지가 물질에서 분리되면 우주에서 사라진다. (무)의 에너지는 (0)차원으로부터 올라온다. 존재하고 싶은 의지를 가지면 (무)는 3차원의 공간으로 올라오기 위하여 노력한다. 그 과정에서 암흑물질도 만들어진다.

스스로 움직이는 양자적 존재는 유리한 점이 많다.
그런 측면에서는 물질과 생명은 같은 종류의 존재다. 광자가 (무)의 에너지를 담고 있듯이 살아 움직이는 생명의 존재는 마음을 담고 있다.

생명은 (무)의 존재이지만 스스로 움직이지 못하는 물질과는 달리 (0)차원에 있는 (무)의 에너지를 더 많이 끌어당길 수 있는 존재다. 3차원에 존재하면서 (0)차원의 에너지를 원하는 만큼 추가할 수 있는 존재인 것이다.

모든 생명이 다 가능하지만, 마음을 담는 생명의 장기인 뇌가 충분히 성숙된다면 더 잘 작용하게 될 것이다. 이것이 극소수만 하고 있는 수행자의 세상이다.

인간이 후손을 만드는 것도 (무)의 작용이다.
물질의 세상은 (0)차원에 있는 (무)의 에너지가 의지를 가져야 모습을 드러낼 수 있다. 작게는 양자를 만드는 데 필요한 에너지이지만, 이미 갖춰진 생명체를 움직이게 하는 힘이 있다.

빛을 만들고자 한다면 양자를 만들면서 스스로 빛이 될 수도 있다. 이미 만들어진 생명체에서 또 다른 생명체를 만들고자 한다면 그 또한 가능할 것이다.

(무)라는 영혼이 인간으로 세상에 나타나고 싶다는 생각을 가진다고 가정해 보자.

인간의 신체는 영혼이라는 존재가 바로 인간을 만들 수는 없다. 이미 만들어진 인간을 움직여야 한다. 남자가 정자를 가지고 있고, 여자가 난자를 가지고 있다면, 이미 (음)과 (양)이 만들어져 있다.

그러면 태어나고 싶은 영혼은 마음에 드는 남자와 마음에 드는 여자에게 서로의 성적인 욕망을 부추긴다. (음)과 (양)에 의해서 태극의 껍질이 만들어진다면 영혼은 그 껍질에 들어가는 것으로서 인간의 아기로 태어난다.

이 과정에서 (무)라는 영혼이 기울여야 하는 공력은 엄청나다. 그리고 혼자 할 수는 없다. 다른 영혼들의 도움을 받아야 한다. 이렇게 인간에게서의 성적인 욕망이란 자의보다는 타의에 의해서 생성되는 경우도 있다.

(무)라는 영혼은 생명체에 들어가면서 (본)이라는 마음으로 변신을 한다. 이러한 과정은 우주에서 벌어지는 공통적인 움직임이다. 우주에 있는 모든 존재가 양자 차원에서 만들어지지만 생명은 양자 차원을 적극적으로 이용하는 존재다.

천부경의 '천일일 지일이 인일삼'은 우선은 자신이 3차원의 세상에 모습을 드러내는 과정이지만, 이어지는 '천이일 지이이 인이삼'은 세상에 나온 내가 (음)과 (양)의 짝을 만드는 과정이다.

무성생식을 한다면 나와 다른 개체를 만들면서 숫자를 늘려가는 과정이다. 유성생식으로 해석한다면 암컷과 수컷의 분리를 말한다.

'대삼합육 생칠팔구'는 암컷과 수컷의 DNA를 조합하여 새로운 개체를 만들어낸다는 것을 뜻한다. 후손을 만드는 것이다. 후손을 만드는 과정에서 나오는 다른 (무)의 존재가 개입한다. (3+3)의 DNA가 결합하여 다시 새로운 3개(7, 8, 9)를 만든다.

양자 차원이 있어서 우주는 무리하지 않아도 된다.
에너지의 이동은 3차원으로 이동하기도 하지만, (0)차원을 이용하기도 한다. 3차원에서는 시간과 거리와 압력의 제한이 있어서 갈 수 없는 곳이 존재하지만, (0)차원에서는 시간과 거리와 압력의 제한이 없다.

(0)차원이라면 (일)이나 (무)가 존재하는 공간이다. 물리학적인 용어는 적절한 용어가 없다. 아마도 만들어야 할 것으로 보인다.

인간의 영혼은 무수히 긴 시간 동안 3차원의 세상과 (0)차원의 세상을 오갔다. 특히 생명체가 지구상에서 멸종할 당시에도 (0)차원을 이용한 피신을 했다. 그리고 단계적으로 생명체는 고등생물로 발전해 왔다.

이것은 석가모니의 '세기경'에서 "인간은 어디서부터 왔느냐?"는 제자의 질문에 대한 답에서도 설명되어진다. 오랜 시간 동안 차츰차츰 변해 왔다는 것을 말하고 있다.

암흑물질도 양자 차원에 존재한다.
밀도가 높아지면 현실로 드러나기 쉬워진다.

은하단끼리의 충돌 사진에서도 충돌 전에는 보이지 않았던 존재가 많이 나타났다. 은하 사이에 존재하던 암흑물질이 서로 충돌하면서 실제의 물질로 변화하는 모습이 촬영된 것이다.

임계질량이 되기 전의 암흑물질이 모여 있다가 똑같은 암흑물질이 다른 곳으로부터 접근한다. 서로 충돌로 인해서 합해진 암흑물질의 농도가 짙어지니까, 눈에 보이는 3차원의 존재들이 나타나는 것이다.

그래서 암흑물질은 실제 존재하고 있다는 증거가 나타났다고 본다. 현실로 나타나기 힘든 약한 존재들이 서로의 힘이 합해지면서 기회가 많아진 경우이다.

(일)과 (무)는 3차원에서는 존재하지 않는다. 아마도 질량뿐만 아니라 중력도 나타나지 않을 것이다. 신념과 같은 정신적인 문제인 (무)와 진공이라는 아무것도 없는 것들이 측정될 수가 없다. (일)과 (무)가 존재할 것으로 생각되는 (0)차원에는 질량이나 중력이 아닌 우리가 모르는 다른 존재에 의하여 움직이고 있을 것으로 생각된다.

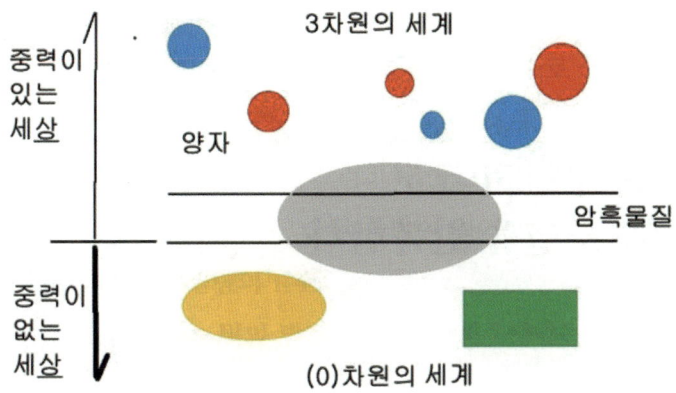

　천부경의 관점에서 보면 (0)차원에서는 어떤 물리적인 성질도 나타나지 않아야 하는 것이 맞다.

　(일)과 (무)가 물리적인 성질이 나타나는 존재라면, (0)차원에서의 (일)과 (무)가 공간이동을 할 수가 없다. 시간적인 자유로움과 같은 현상이 일어나기 어려울 것이다.

　(0)차원에서의 자유로운 이동과 고압고온으로부터의 해방은 물리적인 존재가 아니라는 전제하에서 나타나는 현상이다. 물리적인 성격을 가지고 있다면 무거워서 움직이지 못할 것이다. 그러면 (0)차원이나 3차원이나 다를 것이 없게 된다.

우주는 무한히 크고
생성과 소멸을 반복한다

우주에는 중심이 없다.

이 우주에는 중심이 없는 것으로 보인다. 중심이 있다면 중심을 통해서 무언가의 움직임이 있어야 했을 것이다. 중심이 있다면, 중심에 존재해야 할 거대한 질량을 가진 존재도 보이지 않는다.

수천억 개의 별들이 모여서 이루는 은하가 한 개의 우주인 것으로 보인다. 그들에게는 분명한 중심이 존재하고 있고, 대부분의 별들이 은하의 중심을 기준으로 공전하고 있다.

은하 몇 개가 뭉쳐서 돌아가는 은하단은 그들 간의 역학관계로 주고받는 움직임일 뿐인 것 같다. 각각의 우주들은 이런 방법으로 모여 있을 것으로 보인다.

우주에 만들어지는 또 다른 힘

양자가 만들어지면서 만들어지던 양자 간의 얽힘현상은 우주에서는 블랙홀과 은하의 중심 간의 연결과 같은 개념으로 보인다. 단지 엄청나게 규모를 키워서 우주 단위의 움직임으로 확장되었을 것으로 보인다. 은하 중심에 존재할 것으로 예상되는 거대 블랙홀은 은하 내에 존재하는 수많은 별들과의 얽힘현상이 우주를 지배하게 되는 것이다.

우리는 블랙홀과 별들 사이에서 작용하는 거대한 힘의 존재를 알아채지 못하고 있다. 그 힘도 역시 (무)의 힘이다. 인간들이 맞닥뜨린 (무)의 존재와는 차원이 다른 힘이다. 그러나 인간들의 (무)의 힘과 은하에 작용하는 (무)의 힘은 다르지 않다. 작은 것들이 모여서 큰 것들을 만드는 힘들 중에 하나인 것이다.

(무)의 에너지가 창조하는 우주

종교가 말하는 신은 (무)의 에너지를 말하는 것으로 보인다. (무)의 에너지가 없다면 우주는 아무런 움직임이 없을 것이다. 그러다가 불현듯 내가 모습을 드러내야겠다고 생각한다면 신념을 가지는 것이다.

우주에서의 첫 움직임은 (무)의 에너지가 암흑물질을 만드는 것이다. 그 이후의 움직임은 우주에서 이미 형성된 물질의 법칙인 물리학을 따르게 될 것이다. 거대한 우주의 신이 뜻을 보이는 것은 처음 시작하는 단 한 번뿐인 기회이다.

눈에 보이는 우주의 모든 것은 물질과 정신의 결합이다. 정신은 처음에는 작은 힘이다. 작은 힘에 의해서 어렵게 만들어진 양자들은 물리학적인 법칙에 따라서 뭉치면서 더 큰 물질들을 만든다. 그에 따라서 (무)의 에너지는 커지고 더 큰 뜻을 가지게 된다. (무)는 우주의 시작이면서 인간이 말하는 전지전능한 신이다.

그러나 그 신들도 인간과 같은 고민과 인간과 같은 능력의 한계를 가지고 있다. 신들의 생각이 좋은 방향으로 흘러간다면 우리 은하와 같은 고등생명체가 거주할 수 있는 쓸만한 은하를 만들 수 있지만, 조금이라도 실수를 하게 되면 다른 은하에 먹히거나 아무런 생명체도 만들지 못하는 상황으로 간다.

우주에서 생명체의 역할

우주에서 생명체는 중요한 존재이다. 그들은 (무)의 에너지를 깨우는 역할을 한다. (무)의 에너지가 없이는 새로운 것을 만들지 못한다. 그래서 반드시 필요한 존재다. 그들이 커져서 다시 우주를 지배하는 신이 될 수도 있다. 또한 어떤 무리들은 신들에게 자신의 모든 것을 바치는 에너지의 근원으로 작용하기도 한다.

의지조차 가지지 않고 누구 하나 깨우는 존재가 없어서 잠만 자고 있는 (일)과 (무)는 상상하기 어려울 정도로 많을 것이다. (일)과 (무)는 생명체와 같이 움직이는 존재만 있는 것이 아니다. 운석과 행성으로 널려진 많은 존재들도 움직이지 못하는 (일)과 (무)이다. (0)차원의 빈 공간에서도 보이지는 않지만 잠자고 있는 다수가 있다. 생명체는 이들을 깨울 수 있는 우주의 강한 존재다.

깨어나지 않고 잠자는 (무)의 에너지는 부지런히 여기저기 돌아다니는 생명체에 의해서 잠을 깬다. 하느님이라고 생각되는 (무)는 생명체를 좋아한다.

어떤 생명체도 그냥 만들어지지 않았다. 필요에 의해서 만들어지는 것이다. 편안한 지구라는 좋은 환경을 갖춘 지구에서 편안하게 즐기면서 살지 못하고 다른 천체로 여행하고 싶어 하는 인간들은 하느님으로서는 사랑스런 존재다.

인간들이 우주를 돌아다니면서 잠들어 있는 (무)를 깨우지 않는다면, 거대한 (무)도 성장하지 못하고 쪼그라들지도 모른다. 그래서 인간들이 우주여행을 하려고 머리를 굴리는 것도 하느님의 뜻이라는 것이다.

아무도 꿈꾸지 못하는 화성으로의 이주를 꿈꾸는 일론 머스크 같은 사람은 하느님이 사랑하는 사람 중에 한 사람일 것이다. 내가 생각하기에 그렇다는 말이다.

우주는 무한히 크다. 광자가 수명이 있기 때문이다.
광자가 수명이 있다면 우리가 현재 관찰할 수 있는 거리가 우주의 끝이 아니다. 우주의 끝인 줄 알았던 장소로 막상 가보면, 그 장소에서도 사방육방으로 또 빛의 수명만큼의 먼 거리를 볼 수 있을 것이기 때문이다.

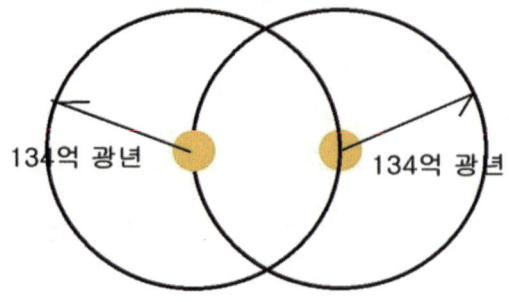

　이런 시도를 반복한다면 우주는 무한히 크다고 볼 수 있다. 현재 발견된 가장 멀리 떨어진 별은 지구로부터 134억 광년의 거리에 있다고 한다. 현재 발견된 광자 중에서 134억 년을 산 것이 가장 오래 살았던 광자인 셈이다. 적색편이 지수 13.6이다. 그 별이 가장 처음 발사한 광자의 파장에서 13.6배가 늘어났다는 말이다.

　광자수명론을 생각하면, 관측된 광자는 먼 거리를 여행하면서 처음에 가지고 있던 에너지의 99.5%를 상실했다는 말이다. 0.5%만 에너지가 더 소모되면, 광자는 자연소멸될 것이다.

에너지 불변의 법칙이
블랙홀을 상상하게 만든다

우주는 다양한 장소에서 각기 다른 시점에 여러 개로 만들어졌을 것이다. 환경에 따른 다양한 속성이 존재하겠지만, 가장 기본적인 우주의 속성은 '에너지 불변의 법칙'이 작용하는 곳이다.

강 위에 긴 출렁다리를 놓아둔다면, 한 번은 내려간다면 한 번은 올라간다. 시간적으로도 반대의 움직임을 보인다. 아무것도 없는 진공의 공간에서 솟아오르는 장소가 생겨났다면, 반드시 가라앉는 장소가 생기게 마련이다. 공간적인 불변의 움직임을 보일 수도 있다. 모든 에너지의 총합은 0인 것이 에너지 불변의 법칙이다.

태양, 블랙홀과 화이트홀

태양과 같이 뜨거운 별에서 광자를 생산하면서, 광자를 온 우주에 뿌리고 있다면, 어떤 빛도 빨아들이는 블랙홀이 있어도 이상할 것이 없다.

천부경에서 말하는 (+)양자와 (-)양자 사이의 주고받는 에너지와 관련이 있는 것이 우주에서는 블랙홀과 태양이 될 수 있다. 동시에 생겨난 (+)양자와 (-)양자가 얽힘의 관계가 있다면, 블랙홀과 태양은 똑같이 서로 얽힘의 관계가 있다. 이 관계는 태양의 규모가 아닌 은하의 규모로 주로 나타나는 것으로 보인다.

은하의 전체 질량은 (+)를 보인다면 블랙홀의 질량은 (-)를 보이는 것이 정상일 것이다. 그러나 전자가 (-)질량이 뭉쳐진 입자이지만, 독립적으로 존재한다. 질량관계에서 (-)의 질량임에도 불구하고, 중력에서는 (+)와 (-)가 없는 절대값을 보일 것이다.

(+)양자와 (-)양자 사이에는 힘을 주고받는다. 아무리 멀리 떨어져 있더라도 말이다. 웜홀은 아직 명확히 규명되지는 않았지만, (0)차원에서의 에너지 통로로 이용되는 것으로 보인다.

블랙홀과 태양의 사이에는 3차원에서 보이지는 않지만 (0)차원으로 연결된 통로가 존재할 수도 있다. 블랙홀에서는 끊임없이 흡수한다. 태양에서는 끊임없이 방출한다. 이것은 웜홀로 추정되는 에너지 통로를 통해서 실현된다고 볼 수 있다.

웜홀은 에너지의 소통을 담당한다.
웜홀의 존재는 끈 이론으로부터 제시된 이론이다. 은하와 같은 규모에서 웜홀이 비록 실제로 존재하는 실체라고 하더라도 인간이나 우주선이 이용을 할 수는 없을 것이다. 아마도 불가능할 것이다. 웜홀을 이용하려면 블랙홀로 들어가면서 극한의 고압과 극한의 낮은 온도를 견뎌내고, 느려지는 시간을 견뎌야 한다. 생명을 가진 우주의 어떤 생명체도 견딜 수가 없을 것이다.

들어가면 뭐하나? 다시 태양으로 방출되려면 태양의 고온과 고압을 다시 견뎌낼 수 있는 생명체나 물질도 역시 존재하지 않는다. 고온, 고압과 저온, 저압이라면 인간의 상상에서는 지옥에 해당하는 장소이다.

한 가지 방법은 존재한다. 천부경에 의하면 인간이나 물질이나 (0)차원의 존재인 (일)과 (무)가 되는 것이다. 죽어야 한다는 뜻이다. 죽더라도 (무)는 일말의 의심을 가지고 있지 않아야 하고, (일)은 완벽한 진공을 만들어야 한다. 현재로서는 불가능할 것이다.

그리고 인간은 굳이 그런 공간을 일부러 사용해야 할 이유가 없다. 수행승의 높은 경지에서 영혼의 영원한 일생을 관조한다면, 다른 시도를 통해서 새로운 의미의 (0)차원으로 진입이 가능하다. 그래서 수행하는 인간은 보통의 인간들에 비해서 한 단계 높은 위치에 존재하는 것이다. 이것이 (0)차원을 이해하는 인간은 본모습이다.

웜홀은 모든 것을 빨아들이는 블랙홀과 모든 것을 내뱉어 주는 화이트홀이 쌍을 이루고 있다고 생각한다. 그 사이를 이어주는 보이지 않는 통로를 웜홀이라고 부른다.

줄리언 소녀 박사는 끈 이론의 맥락에서 쿼크 반쿼크 쌍이 생성될 때 이와 동시에 소립자 쌍을 연결하는 웜홀이 생긴다는 사실을 밝혀냈다. 그러나 블랙홀은 발견되었지만 화이트홀은 발견되지 않았다. 아직은 가상의 이론이다.

화이트홀은 아마도 존재하지 않을 것이다. 천부경에서 추정한 바에 따르면 태양이라는 항성의 별들이 화이트홀의 기능을 한다고 보이기 때문이다.

인체를 뜨겁게 만드는 수행, 마음으로 (무)의 에너지를 끌어들인다.
티벳의 고승들은 옛날부터 전해져 내려오는 수행방식이 있다. 고산의 추운 곳에서 수행을 하려면 체온을 높이는 것이 중요하다. 음식도 제대로 먹지도 못하는데 체온이 내려간다면 바로 죽음에 이르기 때문이다.

마음으로 (무)의 에너지를 최대한으로 끌어올린다. 달라이라마의 허락하에 과학자들이 측정했던 체온의 상승치는 4~8도에 달했다고 한다. 운동을 하면서 열량을 소비함으로써 우리의 신체가 체온을 올리는 것이 아니라, 단순한 호흡과 마음을 통제함으로써 체온을 올린다.

이것은 처음 우주가 만들어질 때에 우주의 중심이 블랙홀을 통해서 (무)의 에너지를 빨아들이면서 우주의 중심 온도가 높아지는 것과 맥락이 같다. 아무것도 없지만 마음으로 에너지를 끌어들인다는 것은 우주를 창조하는 행위인 것이다.

우주의 시작 (1), 우주의 중심과 블랙홀

처음에는 우주공간에 아무것도 없었다. 빛도 없고 어둠도 없다. '태역'의 상황이다. 빛이 없기 때문에 어두울 뿐이다. 의지를 표현하지 않고 있는 (무)는 있었을 것이다.

'운삼사 성환오칠'의 구절에서와 같이 12단계 중에서 5단계는 쉬어야 한다. 쉬는 시간이 지나고 나면, (무)는 다시 움직이기 시작한다.

깨어나는 (무)가 암흑물질과 양자를 만든다.
(일)로 표현되는 3차원에서의 진공과 (무)로 표현되는 신념과 의지는 진공상태에서 진동을 만들고, 진공요동을 만드는 (무)들이 여러 개가 겹쳐지면서, 3차원 세상에서 가장 작은 물질인 양자가 만들어진다. 진공에서 진동이 생긴다는 것은 중력이 생기기 시작한다는 것을 의미한다. 그것은 암흑물질이 만들어진다는 것이다. 힉스입자와 같은 의미일 것이다.

다음으로 양자가 쌍으로 생기면서 광자가 생기기 시작한다. 지금 생기는 광자들은 주로 중성미자가 될 것이다. 왜냐하면 처음에는 임계치를 갓 넘기는 양자가 많을 것이기 때문이다. 갈수록 숫자는 더 많아지고, 크기는 커질 것이다.

우주의 시작에는 고온도 고압도 없었다.
비어 있는 우주의 상태, 은하와 은하 사이, 태양계와 태양계의 사이에 아무것도 없다고 생각하는 그 상태가 우주의 시작이다.

우주의 언덕이 생겨나기 시작한다.
아무것도 없는 공간에서 (무)의 에너지가 의지를 만들어내면서 암흑물질과 양자가 발생했던 것이다. 처음에는 어떤 외부의 힘의 조력도 필요가 없다. 스스로 만들어지는 암흑물질과 양자들이 광범위한 공간에 퍼져 있는 상황이 우주의 언덕이다.

생겨난 물질들이 워낙에 가벼워서 한 점으로 모이지 않는다. 광범위한 영역이 새로운 물질을 만드는 공장지역이 되어간다. 여기서 만들어지는 광자와 중성미자는 우주로 쉽게 도망가지 못한다. 광자가 만들어졌더라도, 그곳에 가득 찬 암흑물질의 끈끈한 저항이 도처에 깔려 있다.

탈출하지 못하고 다시 양자상태로 되돌려질 수도 있을 것이다. 그리고 그곳에는 양자상태의 물질과 암흑물질들이 가득하게 될 것이다. 우수의 언덕은 부피는 크지만 무게는 가벼운 물질들로 이루어져 있다.

전자와 양전자 수준의 입자들이 만들어진다.
 강하지는 않지만 우주언덕에서는 중성미자들이 움직이고 양자들의 크기가 커지면서, 주변보다 밀도가 높아진 특정 부분들을 중심으로 중력은 점차 강해지고, 온도도 올라가고, 압력도 증가한다.

 점차 임계점을 단번에 넘어가는 양자들이 생겨난다. 크기가 커진 양자는 다른 곳에서 발생하는 양자들과도 부딪히게 된다. 그리고 같은 극성을 가진 양자들이 결합하면서, 처음으로 광자가 아닌 전자와 양전자 수준의 작은 입자들이 만들어지기 시작한다.

 새로 생겨나는 입자들로 인해서 우주의 중심 부분에는 서로의 중력에 이끌려 양자들과 에너지들이 모여들면서 밀도가 높아진다. 이것이 중심이 되고 주변보다 강한 중력이 만들어지는 부분이다.

 그리고 에너지의 변화가 생기기 시작한다. 강해진 중력과 높아진 밀도로 인해서, 추가적인 (무)의 에너지가 부족해진다. 이미 광자가 만들어지면서 많은 부분을 소진했기 때문이다. 밀도가 높아져서 새로운 창조에 대한 여건은 갖춰졌지만, 더 필요하게 되는 (무)의 에너지를 공급할 수 있는 곳이 마땅치가 않다.

초기 블랙홀이 생겨난다.
 다행히도 초기라서 필요하게 되는 (무)의 에너지양은 많지 않다. 자연은 부족하면 내핍생활을 하게 된다. 내부에서 무언가를 찾으려고 할 것이다. 내부적으로 찾다 보면 어떤 물질이던 내부적으로 가지고 있는 (0)차원에 접근하게 된다. **(1) (0)차원의 공간에 접근하면**

(무)의 에너지는 (0)차원에서 끌어들일 수 있다.

우주 중심에 있는 3차원의 공간에 (0)차원에 있는 (무)의 에너지를 끌어오면서, 해당 위치의 (0)차원의 공간에서는 (무)의 에너지는 밀도가 낮아진다.

(2) 이러한 부족 부분은 3차원의 공간 중에서 가장 덜 바쁘고 비어 있는 어느 지점의 3차원 공간의 (0)차원의 지역에서 보충하게 된다. 그 지점이 초기 블랙홀이 된다.

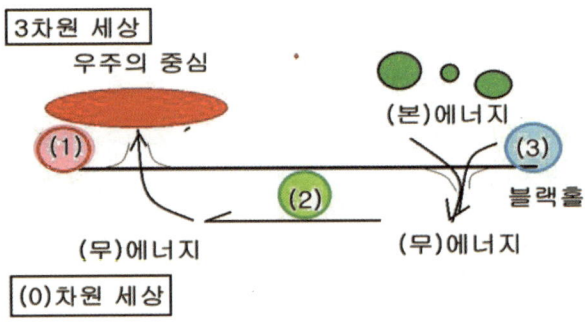

블랙홀의 활동, 함몰과 보충

그 지점의 (0)차원의 에너지는 우주의 중심으로 이동한다. (3) 블랙홀 지점의 3차원 공간에서는 부족한 에너지를 보충하기 위하여 물질들이 (0)차원으로 끌려 들어간다.

행성이나 별들이 끌려 들이가면서, 그 별들이 가진 (무)의 에너지가 (0)차원에 보충되는 것이다. 해당 위치의 3차원 공간에는 함몰이 발생한다. 블랙홀이 활동하는 것이다.

(0)차원에서의 (무)의 에너지가 부족하면, 3차원의 공간에 있는 물질로 보충하는 것이다. 우주의 물질에는 (무)가 변신한 (본)의 에너지가 숨어 있다.

초기 블랙홀은 약해서 관측이 어렵다.
처음에는 많은 에너지가 필요하지 않다. 지금 만들어지는 블랙홀은 사건의 지평선과 같은 뚜렷한 경계는 만들어지지 않을 것이다. 아마도 우주를 관측하는 것으로는 발견하기 어려울 것이다.

이런 방법으로 (0)차원의 공간으로 배출하고 끌어들이는 장소 간의 연결은 이루어졌다. 웜홀의 개통이다. 이 연결을 통해서 우주의 중심에서 필요한 (무)의 에너지가 공급된다. 이것이 초기 블랙홀이다.

중성미자가 만들어지던 우주언덕의 공간에서
전자와 양전자 그리고 입자들이 만들어지기 시작한다.
만들어지는 전자와 양전자로 인해서 더 무거워지고 밀도도 높아졌으므로 우주언덕에는 중력이 증가하는 부분이 생겨난다. 우주언덕의 온도는 올라간다.

높아진 온도로 인해서 (무)의 에너지는 서로 결합하면서 크기가 커진다. 따라서 발생하는 양자들도 점차 크기가 커지고 운동량이 증가하게 되면 광자보다는 입자가 더 많이 만들어진다. 암흑물질도 중성미자도 발생하는 빈도가 점차 낮아진다.

　전자와 양전자의 숫자가 늘어나게 되면서 우주언덕이 중심으로 변하는 부분이 생긴다. 원자가 만들어지는 온도보다는 훨씬 낮은 수준이지만, 이전보다 높은 온도와 압력이 나타난다.

　3차원의 생각으로는 새로운 것을 만들 수가 없다. 진공을 찢는 또 다른 (0)차원의 에너지를 생각해야만 새로운 것을 만들 수 있다. 이 과정은 순수한 창조의 과정이다.

성운보다 옅은 구름 형태의 원시은하가 만들어진다.
　이와 같이 우주언덕은 암흑물질과 가벼운 입자로 이루어져 투명한 형태이지만 워낙에 밀도가 높아져서 빛이 잘 통과하지 못해서 아주 옅은 가스구름 형태로 보이는 존재가 처음으로 생겨난다. 이것이 처음으로 만들어지는 원시은하가 될 것이다. 이때의 원시은하도 육안으로는 관찰하기 어려울 수도 있다. 아직은 원자의 형태를 갖추기 전이기 때문일 것이다.

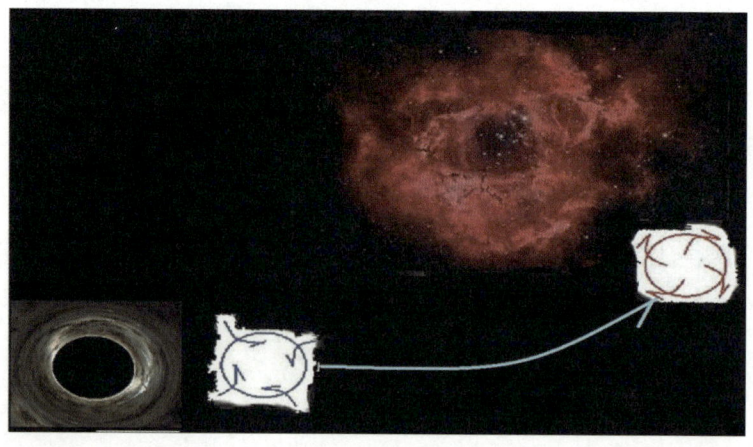

그러나 앞에서 은하단의 충돌에서 보여주었던 암흑물질들끼리의 충돌 후에 나타났던 붉은 구름은, 초기 입자들이 발생할 때 나타나는 외형적인 빛이 적색 계통이라는 것을 암시해 주었다. 이것은 온도가 그렇게 높지는 않다는 것을 말해준다.

중력이 더 강해지면서 주변의 물질들을 더 많이 끌어 당겨오면, 크기가 더 커지고 거대질량을 갖춘 우주 중심은 구름과 같은 성운의 모습으로 진행할 것이다. 이때는 우주의 중심 1개와 거대한 질량의 블랙홀 1개가 존재하게 된다. 블랙홀은 아직은 관측이 잘 안 되는 희미한 상태로 만들어져 있을 것이다.

초기 블랙홀은 이후에 만들어지는 항성형 블랙홀과는 다르다.
우주 생성 초기에 나타나는 블랙홀은 크기가 크다. 은하에 대응하는 구조로 발전되어 왔기 때문이다. 초기에 만들어지지 않은 블랙홀도 존재한다. 초기 블랙홀보다는 크기가 엄청 작다.

이런 블랙홀들은 질량의 크기가 아주 큰 항성이 붕괴하면서 만들어지는 경우이다. 항성 규모에 대응하는 블랙홀이다. 항성의 크기가 너무 커져서, 중력이 커지고 별의 내부가 붕괴되어서 발생한다. 별 내부의 높은 중력이 모든 것을 끌어당기기 때문에 나중에는 빛까지도 흡수하는 상황으로 간다고 한다.

이런 경우는 초기 블랙홀과는 역할이 다르다고 볼 수 있다. 흡수되는 에너지는 어딘가 적극적으로 공급하면서 또 다른 창조에 관여하고 있을지도 모른다.

우주의 시작 (2),
우주의 중심은 항성 단위로

입자로 인해 변화하는 우주의 중심

　암흑물질과 양자가 주류를 이루고 있었을 때는, 어느 곳도 중력이 특별히 강하지 않는 두루뭉술한 구름 형태의 거대한 한 개의 언덕을 이루고 있었다.

　전자와 양전자가 생겨나기 시작하고 쿼크가 만들어지기 시작한다면, 전자와 양전자가 많이 몰려 있는 지역이 생기기 시작하면서 물질의 분포가 고르지 못하게 된다. 전 지역이 고르게 분포하기는 어렵기 때문에 밀도가 높은 지역과 낮은 지역이 산재하게 된다.

　여기서 커다란 언덕 형태로 고르게 존재하던 우주의 중심은 밀도가 높은 지역을 중심으로 다시 뭉쳐지기 시작한다. 한 개가 아닌 여러 개의 우주 중심이 만들어지게 되었다. 더 나아가면 나중에는 항성의 중심이 될 존재들이다. 한 개의 우주 중심이 여러 개의 항성의 중심으로 분할되게 된 것이다.

우주언덕은 한 점이 아닌 커다란 면적으로 만들어졌다는 뜻이다. 중심이라고 하기에는 면적이 너무 넓다. 그래서 특별히 강한 중력을 나타내는 지역이 없이 고르게 분포하고 있다는 뜻이다.

항성의 중심은 쿼크를 만든다.
블랙홀을 통해서 (일)과 (무)의 에너지는 여전히 몰려든다. 늘어나는 (무)의 에너지로 인해서, 암흑물질의 생산은 줄어들지만 만들어지는 양자는 크기가 더 커진다. 암흑물질을 거치지 않고 직접 양자가 만들어지는 것이다.

이미 만들어진 전자들은 높아진 밀도와 온도에 힘입어서 다시 결합을 시도하며, 쿼크들이 만들어진다. 기본쿼크, 업쿼크, 다운쿼크들이 결합된다. 부족한 (무)의 에너지는 블랙홀을 통해서 공급되어진다. 만들어지는 입자들이 커졌기 때문에 (무)의 에너지는 더 빠른 속도로 밀려든다. 항성 중심의 온도는 이전보다 높겠지만, 많이 높지는 않을 것이다.

이미 항성의 중심에는 대부분이 입자로 채워지면서 (무)의 에너지를 소진했기 때문에 블랙홀로부터 (무)의 에너지를 추가로 끌어들여야 한다. 희미하던 블랙홀의 존재는 더 강한 모습으로 우주에 드러난다. 블랙홀의 주변이 사건의 지평선을 만들면서 선명해지기 시작한다. 제대로 된 블랙홀의 모습이 나타나는 것이다.

블랙홀 1개와 여러 개의 항성의 중심이 연결된다.

　지금부터는 다소 무거운 물질이 대부분을 차지하게 되면서 구름 형태의 두루뭉술한 언덕은 더 이상 존재하지 않게 된다. 그리고 각 부분의 지역마다 주변보다 더 강한 중력을 가진 곳이 다시 세분화된 여러 개의 항성의 중심이 되는 상황이 벌어진다. 우주언덕의 곳곳에서 많은 수의 항성 중심이 만들어진다는 뜻이다.

　한 개의 블랙홀과 연결되었던 우주언덕은 연결고리가 분산된다. 그리고 한 개의 블랙홀과 여러 개의 우주 중심이 연결되는 형태로 변화한다. 이 과정에서 블랙홀은 분리되지 않는다. 블랙홀의 흡수하는 성격의 특성상 더 작은 지역으로 모여드는 특성을 가지고 있기 때문이다.

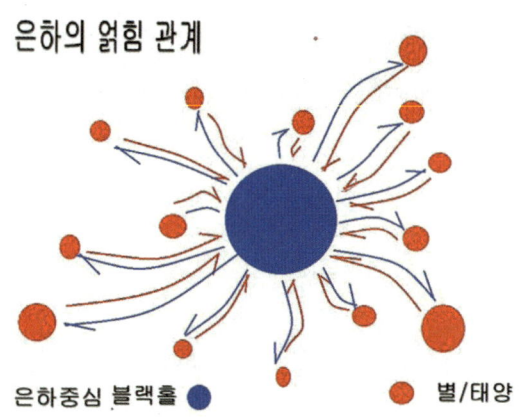

　반대로 확산하는 특성을 가진 우주의 중심은 가능한 넓은 지역을 사용하게 되는 특성을 가지고 있다. 그래서 우주의 중심은 분산되지만 블랙홀은 한 개로 남아 있게 된다. 여러 개로 나눠진 항성의 중심들은 이후로 더 단단하게 뭉쳐질 것이다. 그래서 현재의 우리 은하와 같은 모습의 기초가 만들어졌다.

빅뱅은 없었고,
암흑에너지와 가속팽창도 없다

자연은 무리한 조건을 현실화시키지 못한다.

 3면이 1m인 상자에 지름이 10cm이고, 높이가 2cm인 뻥튀기 과자를 5천 개를 넣을 수 있다. 거기에 5만 개의 뻥튀기 과자를 넣을 수는 없다. 억지로 넣으려면 잘게 부수면서 가루로 내어서 넣어야 할 것이다. 상 변화를 시키는 것이다.

 그러나 잘게 부숴진, 상이 변화된, 뻥튀기 가루는 공간이 다시 충분히 넓어져도 5만 개의 뻥튀기로 다시 돌아갈 수는 없다. 다시 5만 개의 뻥튀기를 만들려면, 논밭에다가 씨를 뿌리고 뻥튀기 가루를 거름으로 사용하여 곡물을 수확하고 다시 뻥튀기 기계에 넣어서 뻥튀기 5만 개를 만들어내야 한다.

 빅뱅의 한 점으로 우겨 넣어진 우주와 입자는 이미 그 형태가 망가졌을 것이다. 망가진 입자가 다시 압력과 온도가 제자리로 돌아온다고 해서 입자로 만들어지지는 않을 것이다.

　인간도 마찬가지다. 부모가 나이가 많아서 사망했는데, 아쉽고 그리워서 다시 에너지를 아무리 불어넣어도 살려낼 수가 없고, 윤회를 하면서 다시 아기로 태어나게 만들더라도 부모와 똑같은 존재로 부활시킬 수는 없다.

　우주에서 물리학적으로 무리한 조건을 감내한다는 것은 죽거나 상이 변화하는 경우다. 무리하게 압축된 물질들은 팽창하게 된다고 하더라도 이전과 동일한 물질들이 만들어지지 않는다.

빅뱅 가설은 없었다.
　빅뱅의 가설은 현재 상황을 거꾸로 돌리면서, 원상태의 회귀를 전제로 한, 무리한 상황의 원점을 가정함으로 해서 역산한 가설로 보인다. 우주가 원점으로 돌아가는 상황이 생기더라도 물리적으로 무리한 조건을 감내해야 한다면 불가능한 가설이 될 것이다.

천부경은 광자수명론을 꺼내고 있다.
우주의 가속팽창과 암흑에너지는 착각이었을 것이다.
　우주의 가속팽창설의 근거가 되었던 적색편이 현상이 광자가 늙어가는 현상이라고 생각한다면, 암흑에너지를 가정할 필요도 없었을 것이다. 암흑에너지와 우주의 가속팽창 그리고 빅뱅은 실재하지 않았을 가능성이 더 많다.

　천부경에서 말하는 우주의 원리는 '석삼극무진본'과 '천이일 지이이 인이삼'과 '생칠팔구'와 '운삼사성환오칠'과 '용변부동본'과 같은 구절의 해석에서는 고비마다 변화를 전제하고 있다. 수용되기 어려운 상황이 발생한다면 언제든지 다른 모습으로 변화하면서 진전해 간다는 의미다.

은하와 블랙홀은 동시에 생성과 소멸을 반복한다.

은하와 블랙홀은 각각이 독립된 개체가 아니다. 태양은 빛을 방출하지만 블랙홀은 빨아들인다. 태양과 블랙홀은 같은 존재이면서 분리된 상태일 뿐이다. 일대일이 아닐 뿐이다.

이런 관점에서 본다면 블랙홀이 자신의 별들을 모두 빨아들이거나 태양이 모든 것을 분출하고 사라진다면 블랙홀도 없어진다는 것을 뜻한다. (+)양자와 (-)양자가 합해져서 질량이 0이 되어 사라지듯이, 은하는 소멸하면서 거대 블랙홀도 함께 소멸할 것으로 보인다.

블랙홀이 태양과 같은 우주의 물질들을 흡수하고 나면, 블랙홀은 더욱 강해지는 것 같지만, 그 반대다. 블랙홀이 활동을 하고 있다는 것은 어딘가에 에너지를 공급할 일이 생겼다는 것이다. 공급할 에너지가 없다면 블랙홀도 활동하지 않을 것이다.

우주에서 사라지는 블랙홀과 은하들은 모두 (0)차원으로 수렴된다. (0)차원의 (무)의 에너지는 오랜 세월을 잠을 자게 된다. 누군가가 건드리는 존재가 없다면 오랫동안 잠을 자게 될 것이다. 생명체같이 같은 자리에 머물지 않고 세상이 좁다고 돌아다니는 생명체는 잠자는 (무)의 에너지를 다시 깨울 수 있는 존재다. 생각이 스치는 것만으로도 (무)의 에너지는 깨어난다.

수많은 세월을 거쳐서 새로운 별과 은하가 탄생하기 시작할 것이다. 또 다른 형태의 블랙홀을 만들어 가면서 우주는 움직이기 시작한다. 그들이 새로 만드는 우주는 그 당시의 (무)의 에너지가 어떤 성격을 가지고 있는지에 따라서 달라질 것이다.

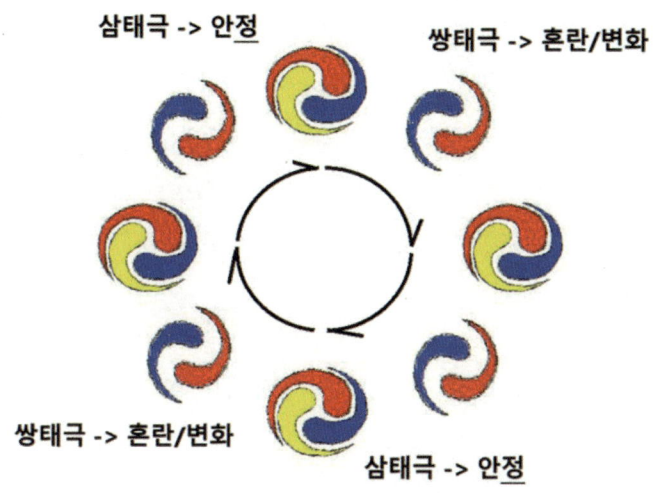

우주에서는 이러한 일들이 반복적으로 일어난다. 아주 작은 양자이던, 인간이던, 지구와 같은 별이던, 태양계나 은하계와 같은 거대한 천체이던, 모두 같은 개념에 근거한 반복이 지속될 것이다. 이러한 반복은 무수히 이어지면서 수조 년을 순식간에 소모할 것이다. 이것이 천부경이 말하는 우주의 변화라고 본다.

삼태극은 안정, 쌍태극은 변화를 상징한다.
천부경에서는 음과 양만 표기되는 태극의 모양은 변화가 많은 상황을 말한다. 변화하면서 안정되지 못하기 때문에 (무)의 에너지는 아직은 태극에 참여하지 않고 관망하는 중이다. 태극의 사이에 들어가야 할 (황극)은 만들어졌지만 안정되기를 기다리고 있다.

그리고 태극의 모양이 안정되면 (황극)이 태극에 가세하면서 삼태극이 된다. 삼태극이 만들어질 수 있는 상황이라면, 지구상에서 생명체가 만들어지면서 살아갈 수 있는 상황이 되는 것이다.

제9장
물질을 만들고
(0)차원을 활용한다

우주의 결실인 지구

우주의 성장 (3),
양성자와 수소핵이 만들어진다

분리된 우주 중심은 항성의 중심으로 발전하게 된다.

우주는 중심이 여러 개로 분산되면서 나누어졌다. 분산된 중심들은 주변보다 비교적 높은 중력으로 인해서 구름 형태로 뭉쳐져 있다. 이 중심에는 양자들과 전자들과 쿼크들이 섞여 있다.

분산된 항성의 중심들에는 비교적 무거운 쿼크들이 자리 잡고 있어서 에너지의 밀도가 높아졌다. 암흑물질들은 이제 많이 생기지 않는다. 높아지는 중력으로 인해서 온도는 더 높아졌고, 압력도 올라갔다.

분산된 항성의 중심은 아직 양성자와 수소가 만들어지기 전의 상황이기 때문에 아직 태양과 같이 단단하게 만들어지지 못했다. 이러한 항성의 중심을 원시항성이라 부를 수도 있다. 원시항성의 중심으로 모여드는 전자와 쿼크들이 양성자로 결합하면서 발전하려면, 쿼크들이 만들어지는 과정에서 이미 소진했던 (무)의 에너지를 더 많이 필요로 하게 된다.

원시항성에서 양성자가 만들어진다.
전자들과 쿼크들은 다시 결합하면서 양성자가 만들어지기 시작한다. 양성자가 만들어지는 데 필요한 (무)의 에너지는 블랙홀로부터 공급된다.

블랙홀로부터 (무)의 에너지를 빨아들이는 양은 이때가 최고에 달할 것이다. 이로 인한 블랙홀의 활동은 가장 활발한 시기가 될 것이다. 가장 선명한 블랙홀의 사건의 지평선을 볼 수 있다.

항성 중심에서 양성자가 결합되면서부터 이전의 입자 단계보다 양성자의 부피당 질량이 많으므로 중력은 더 강해진다. 아직까지는 중심부가 옅은 가스 상태로서 양성자의 결합으로 인한 분산된 중심부의 함몰이라는 상황도 아직은 발생하지 않을 것이다. 자연스레 입자들이 계속 몰려들 것이다.

블랙홀이 없었다면, 우주에는 물질은 만들어지지 않았을 것이다.
양성자가 만들어지는 과정까지는 필요하게 되는 에너지들을 블랙홀로부터 보충해 왔다. 만약에 블랙홀을 만들 수 없는 우주환경이었다면, 우주에 물질이 만들어질 수가 없었을 것이다.

가장 큰 이유는 아무것도 없던 초기 우주에 에너지를 공급받을 수 있는 곳이 없었기 때문일 것이다. 우주의 시작은 격렬하게 시작되는 것이 아니라, 이와 같이 조심스럽고 약한 조건으로 시작되었다.

양성자 이후로는 (무)의 활동이 약해지고, (일)이 활동을 시작한다.

양성자가 만들어진다는 것은 또 다른 변화가 만들어진다는 뜻이다. 지금부터는 블랙홀의 역할이 줄어들면서 새로운 결합을 위해서 필요하게 되는 (무)의 에너지를 3차원의 현실에서 보충하게 된다. 정확하게 말하면, (무)의 에너지가 현실에서 변화된 이미 우주에 존재하는 (본)의 에너지가 움직이는 것이다.

(본)의 에너지는 3차원의 껍질에 둘러싸여 있다. 광자와 전자와 쿼크 등의 물질이라는 현실에 존재하는 에너지다. 이들이 높은 중력에 의해서 압력이 증가하고 온도가 올라가면서 플라즈마 형태로 변한다. 모든 입자들이 자유로운 상태가 되는 상황을 이용한다.

입자들 사이에 이미 존재하던 (본)의 에너지가 허물어지면서, 중심에 가해지는 온도와 압력의 힘이 가세한다. 강해진 (본)의 에너지가 다시 결합에 참여하는 것이다.

양성자의 결합으로 원자핵이 만들어질 여건이 준비된다.

양성자는 공간에서 차지하는 부피에 비해서 질량이 꽤 높은 수준을 차지한다. 그래서 중심부에서 밀도를 높이게 되면 상당히 높은 수준의 온도와 압력을 만들어낼 수가 있다. 양성자가 모여드는 이러한 수준의 온도와 압력이면, 양성자를 결합시키는 데 충분한 에너지의 양이 될 것으로 보인다.

(무)의 에너지의 영향력이 없어진 것은 아니지만, 외형적으로는 현재까지 만들어진 물질의 이합집산으로 진행된다.

블랙홀의 영향력 약화
블랙홀로부터 들어오던 (무)의 에너지는 양성자들의 강한 온도와 압력에 밀리면서, 더 이상 보충될 자리를 확보하지 못하게 된다. 블랙홀에서 들어오는 (무)의 에너지는 점차 약해진다.

블랙홀과 항성 중심의 사이에 에너지를 주고받는 과정은 양쪽의 에너지 차이가 심할 경우에 이동이 활발하다. 둘 사이의 차이가 적을 경우에는 에너지 이동이 소강상태를 만든다고 생각된다.

이후로 양성자들이 결합하면서 원자를 만들어 가는 과정은 물리학의 법칙이 지켜지면서 우주를 더 무거운 점들이 만들어지는 방향으로 진행될 것이다. 물리학적인 이러한 변신도 물리학이 한계에 부딪힐 때까지 계속될 것이다.

원시항성에서는 양성자를 연료로 수소핵과 헬륨핵이 만들어진다.
원시항성에는 가장 중심부에 양성자들이 모여 있다. 그 외부로 남은 쿼크와 입자들이 둘러싸고 있을 것이다. 온도와 압력은 중심부의 자체 중력으로 인해서 상당한 수준으로 올라가 있다.

모여드는 양성자들이 강한 중력으로 인해서 양성자 2개가 척력을 극복하면서 결합하게 된다. 중수소인 수소-2(원자핵)가 만들어진다. 중성자가 없는 중수소는 불안정하므로 양성자 1개는 반전자와 전자,

중성미자를 발생시키면서 중성자로 바뀐다. 수소원자핵이 만들어지는 것이다.

헬륨의 결합과정에서 양성자는 또 만들어진다.
 그와는 달리, 수소-2에 양성자가 1개 더 충돌하면 헬륨-3가 만들어진다. 헬륨-3는 불안정하므로 수명이 짧다. 헬륨-3 2개가 서로 충돌하면 헬륨-4가 나온다. 헬륨-4는 안정적이다. 헬륨-4가 만들어지면서 양성자 2개는 버려진다. 이 양성자는 다시 연료로 재사용된다. 연료를 만들어 가면서 융합반응을 하는 것이다.

 헬륨-3는 양성자 2개 중성자 1개, 헬륨-4는 양성자 2개 중성자 2개로 이루어졌다. 헬륨-3와 헬륨-4는 동위원소가 된다. 원자핵의 모습이다. 아직은 온도가 높아서 전자를 결합하지 못해서 원자핵으로 존재한다.

 이와 같이 양성자는 수소와 헬륨이 만들어지면서도 지속적으로 내부적인 작용에 의해서 만들어진다. 반응이 반응을 일으키면서 지속된다.

원자핵은 고온으로 인해서 전자와 결합하지 못한다.
 수소-2와 헬륨-4는 원자핵만의 모습이다. 양전하를 띠고 있으나 온도가 너무 높아서 음전하인 전자와 결합하지 못하고 섞여 있다. 핵과 전자들은 광자를 교환하면서 밀고 당기고를 반복한다.

 광자는 전자기력을 매개로 하여 끊임없이 방출과 흡수를 반복하고 있다. 광자는 높은 온도의 플라즈마 상태에서는 탈출할 빈 공간이 없어서 밖으로 벗어나지 못한다. 우주에는 아직 빛이 없다. 아마도 어디서든 만들어지는 중성미자는 있을 것이다.

양성자가 소진되면 원자가 만들어지고 빛이 탈출한다.
중심부에서 연료로 사용되는 양성자가 소진되면서 온도가 3천 도로 내려간다. 전자는 원자핵의 끌어당기는 힘을 이기지 못하고 결합하게 되며 수소와 헬륨 원자가 만들어진다. 양성자의 숫자에 맞게 수소는 1개의 전자와 결합했고, 헬륨은 2개의 전자와 결합했다.

플라즈마 상태에서 공간을 오고 가던 전자와 핵이 결합하면서 빈틈이 없던 우주에 빈 공간이 생기기 시작한다. 그동안 광자의 탈출을 막았던 암흑물질도 거의 소멸되었다. 자체적인 추진력을 가지고 있던 광자는 그 빈틈으로 탈출하게 된다. 우주공간에 광자가 분출되기 시작하는 것이다.

플라즈마는 높은 온도에서 양전하와 음전하가 서로 섞여 있는 것을 말한다.

우주의 물질 (4), 항성의 출현과 무거운 원소

양성자에서 수소와 헬륨 핵이 만들어지는 과정과 다양한 무거운 원소들이 만들어지는 과정은 입자물리학자 벤 스틸이 쓴 『블록으로 설명하는 입자물리학』의 내용을 참고로 하여 요약되었다. [9-2] 우주의 물질 (4)와 [9-3] 우주의 물질 (5)가 해당된다.

가스구름 은하의 내부 붕괴와 태양이 만들어진다.

원시항성은 가스구름 형태로 존재했다. 중심부에는 주로 양성자로 이루어져 있었다. 거대한 구름 형태의 원시항성이 중심부의 양성자가 소진되고 수소원자로 채워진다. 이전보다 더 무거운 물질이 채워지게 됨으로 인한 중심부에 빈 공간이 생기게 된다. 거대한 가스구름은 중력의 영향으로 안쪽으로부터 붕괴되기 시작했다.

가스구름 내부가 붕괴하자 다시 온도가 상승했다. 가스구름 중심부는 3천 도 이상으로 다시 올라갔다. 원자로 묶여 있던 전자는 다시 자유로워지면서 플라즈마 상태로 변한다. 원시항성 내부는 고온과 고압으로 바뀌면서 가스구름의 온도는 전에 없던 온도로 상승한다.

중심이 붕괴되면서 외부로부터 모이기 시작한 양성자들은 다시 결합하기 시작한다. 원시항성들의 내부에서 수소와 헬륨이 만들어지고 있다. 이제 가스구름은 양성자와 수소핵과 헬륨핵들이 모여 있는 장소로 변화했다. 태양과 같은 항성의 조건이 갖춰진 것이다.

융합으로 생성되는 에너지는 붕괴하는 중력의 힘을 다시 밀어낸다. 끌어당기는 중력과 밖으로 밀어내는 복사압이 균형을 이루면서, 더 이상 무너지지 않고 항성의 크기가 안정적으로 유지된다. 가스구름에서 태양이 만들어지는 것이다.

**양성자가 부족해지면 수소와 헬륨이 연료가 되어
더 무거운 원소로 융합한다.**
융합될 양성자가 충분치 않게 되면 항성이 내부로부터 붕괴하면서 온도와 압력이 높아져서 수소와 헬륨은 더 무거운 원소로 융합할 수 있게 된다.

양성자와 양성자의 연쇄반응과 탄소-질소-산소의 순환반응은 항성의 핵에서의 헬륨-4의 수를 늘리고 양성자의 수는 줄인다. 결국에는 핵융합에서 양성자가 부족하고 수소연료가 부족한 상황이 온다. 그러면 헬륨이 많은 항성의 중심에서는 모든 융합반응을 멈추고 핵은 비활성화되어 반응하지 않는다.

이것은 주계열성에서 적색거성으로 변화하기 시작하는 단계이다.

헬륨-4와 양성자의 융합반응이 멈추면, 중력이 영향을 미치면서 항성을 구성하는 가스가 다시 내부로부터 붕괴하기 시작한다. 그 결과로 항성 내부의 온도와 압력이 상승해서 다시 입자 간 충돌이 활발해지고 잦아진다.

이러한 온도의 증가는 비활성화된 항성의 핵에서 바깥쪽의 주변에 있는 양성자와 양성자의 융합을 촉발하기에 충분해졌다. 비활성화된 핵 바깥쪽의 주변부는 또다시 헬륨이 만들어지고 양성자가 풍부하게 되는 층을 형성한다.

이 과정에서 비활성화된 핵은 외부의 열로 인해서 항성의 핵은 계속 뜨거워진다. 온도가 1억 도에 이르면 핵에 있던 양전하를 띠는 헬륨-4는 서로 간의 척력을 이기고 다시 융합하기 시작한다. 헬륨-4가 연료로 사용되면서 새로운 무거운 원소를 만드는 상황으로 가는 것이다.

양성자와 헬륨을 연료로 탄소가 만들어졌다.
중수소와 헬륨-4가 만들어지고, 헬륨-3과 헬륨-4가 충돌하면서 베릴륨-7이 만들어진다. 베릴륨-7은 전자를 더해서 리튬-7을 만든다. 이 과정에서 전자와 중성미자 1개가 빠져나온다.

리튬-7이 양성자와 충돌하면 베릴륨-8이 만들어진다. 베릴륨-8은 불안정하므로 헬륨-4 2개로 나누어진다. 헬륨-4는 다시 연료가 된다.

항성이 지속적으로 반응하게 되는 것이다.

온도가 1억 도로 내려가면서 양전하를 띠는 헬륨-4는 서로에 대한 척력을 이겨내고 융합되기 시작한다. 헬륨-4는 2개가 결합하여 베릴륨-8이 되고, 다시 붕괴하는 과정을 반복한다.

태양 질량의 8배 이하의 항성에서 만드는 원소는 탄소가 최대다.
헬륨-4와 베릴륨-8이 결합하여 탄소-12가 만들어진다. 질량이 태양의 8배에 미치지 못하는 항성들은 탄소-12가 융합의 마지막 단계이다.

이제는 항성들의 중력이 약해서, 헬륨-4가 다시 탄소-12의 강한 전자기 척력을 이겨내고 결합해서 산소를 만들어낼 만큼 온도가 올라가지 않는다.

태양의 8배 이상의 항성은 지속해서 반응이 일어난다.
탄소는 헬륨을 연료로 무거운 원소로 결합된다.
항성의 무게가 태양의 8배를 초과하면서 온도가 충분히 올라간다. 8배 이하의 항성에서는 하지 못했던 헬륨-4와 탄소의 결합이 계속해서 반응을 일으킬 수 있다.

헬륨-4가 탄소-12와 결합하면 산소-16이 만들어진다.
헬륨-4가 산소-16과 결합하면 네온-20이 만들어진다.
헬륨-4가 네온-20과 결합하면 마그네슘-24가 만들어진다.
헬륨-4가 마그네슘-24와 결합하면 규소-28이 만들어진다.

이 과정을 헬륨이 반응하여 만들어지는 과정이라는 뜻으로 알파사다리라고 한다. 항성의 크기가 클수록 만들어지는 원소핵의 크기도 커진다. 그러나 이러한 상황에서도 네온 이상의 원소를 만드는 것은 사실상 힘들다.

이 과정은 매우 느리게 진행되므로 발생되는 에너지도 크지 않다. 항성의 강한 에너지 대부분은 양성자와 양성자의 결합이나 헬륨의 핵융합에서 만들어진다. 알파사다리의 알파는 방사선의 알파와 베타와 감마에서 이름이 왔다. 알파방사선은 헬륨-4로 구성되어 있기 때문이다.

홀수 원소는 베타 붕괴를 통해서 만들어진다.
무거운 원소가 형성되는 과정에서는 헬륨-4가 관여하므로 주로 짝수로 형성된다. 홀수 원소는 베타 붕괴를 통해서 만들어진다.

탄소와 산소를 연료로 무거운 원소를 만든다.
새로운 항성의 출현과 더 무거운 원소의 출현
시간이 흐르면서 오래된 원시우주는 사라지고 새로운 우주가 나타난다. 새로운 우주의 별은 이전 원시우주에서 남긴 잔여물들을 활용하기도 하므로 탄소와 같은 무거운 원소들도 존재한다. 이들을 이용하여 더 무거운 원소를 만들 수 있다. 헬륨-4의 연료가 모두 소진되고 나면, 탄소와 산소가 연료가 되어서 더 무거운 원소를 만든다.

탄소 연소
헬륨 연소도 초대질량 항성에서 융합할 연료가 줄어들면 항성의 핵에서는 융합을 멈춘다. 비활성화가 되는 것이다. 항성의 내부 붕괴가 시작된다. 항성의 핵에는 탄소가 풍부하게 된다. 높은 온도에 의해서 핵 바깥쪽의 양성자와 양성자가 결합하고 헬륨-4도 융합하면서 온도가 급속히 올라간다. 태양보다 질량이 8배 이상 큰 항성은 중심 온도가 5억 도까지 올라간다.

온도가 올라가면 항성의 핵에서는 비활성화 상태로 있던 탄소-12의 온도도 올라간다. 탄소가 가진 양성자 6개는 서로의 척력을 이기게 된다. 그 결과로 탄소-12가 서로 결합하는 무거운 핵이 만들어진다.

탄소-12 2개가 결합하면서 네온-20과 헬륨-4가 만들어진다. 또는 탄소-12 2개가 결합하면서 마그네슘-24가 만들어지면서 광자를 방출한다.

산소 연소

탄소가 고갈되면 항성은 중력에 의해서 더욱 붕괴되며, 핵의 온도가 높아지고, 산소-16이 서로 융합하게 된다. 초대질량 항성의 내부의 높은 온도는 핵들의 융합을 허용할 뿐만 아니라 핵을 쪼개기에도 충분한 에너지를 가진 강한 광자를 만든다.

산소가 융합만으로 생성되었다고 가정했을 때보다 우주에 실재 존재하는 비율이 높은 이유 중 하나는 네온-20이 광자에 의해서 쪼개지면서 산소-16과 헬륨-4 핵을 만들기 때문이다. 말하자면 산소는 만들어지는 기회가 더 많다는 뜻이다.

이런 현상이 나타나면 탄소 연소 속도가 느려지고 항성이 수축하기 시작하면서 온도가 상승하기 시작한다. 핵의 온도는 20억 도로 상승하고, 증가한 산소-16 핵들은 에너지가 높아져서 서로 가까워지다가 융합한다.

산소-16 2개가 결합하면 규소-20과 양성자 2개가 방출된다.
산소-16 2개가 결합하면 인-31과 양성자 1개가 방출된다.

에너지가 높은 광자는 핵을 헬륨-4로 쪼갬으로써 추가 핵융합을 위한 연료로 제공할 수 있다. 산소 연소가 끝나고 나면 핵에는 규소-28이 많아진다.

태양보다 11배 큰 항성에서 규소 연소

항성이 계속 수축되고 뜨거워지면서 규소 연소가 일어날 수 있는 온도에 도달한다. 탄소와 산소의 연소는 직접 융합되었지만 규소는 다른 방식을 택한다. 규소-28이 온도가 높아지면 에너지가 강한 광자들을 만든다. 광자들이 규소-28을 용해시켜서 헬륨-4를 방출한다.

태양보다 질량이 11배 이상 큰 항성에서는 헬륨-4 핵이 다른 핵과 융합하면서 크기를 늘려간다.

헬륨-4는 규소-28과 융합하여 황-32를 만든다.
헬륨-4는 황-32와 융합하여 아르곤-36을 만든다.
헬륨-4는 아르곤-36과 융합하여 칼슘-40을 만든다.
헬륨-4는 칼슘-40과 융합하여 티타늄-44를 만든다.

헬륨-4는 티타늄-44와 융합하여 크롬-48을 만든다.
헬륨-4는 크롬-48과 융합하여 철-52를 만든다.
헬륨-4는 철-52와 융합하여 니켈-56을 만든다.

헬륨을 이용하여 무거운 원소가 만들어지는 알파과정은 니켈까지만 일어난다. 각 단계에서는 점점 무거운 원소를 만들거나 강한 광자에 의해 용해되어 헬륨-4가 만들어지면서 융합과정의 연료를 만들어 계속 공급하게 되는 과정이 진행되었다.

이 알파과정은 니켈-56까지만 일어난다. 그 이상의 무거운 핵을 만들려면 추가적인 에너지가 필요하다. 전자기력과 강력의 세기와 관련이 있다. 양성자와 중성자의 수가 같을 때, 핵을 묶는 강력이 전자기력을 압도해서 안정적인 상태를 만든다.

이러한 무거운 원소들이 만들어지는 반응은 항성의 중심부가 수소와 양성자가 고갈되고 헬륨으로 대체되면서부터 일어난다. 주계열성인 태양이 적색거성으로 변해 가는 과정에서 무거운 원소들이 만들어지는 것이다.

보시는 바와 같이 무거운 원소는 우주에서도 많은 시간과 노력을 필요로 한다.

우주의 물질 (5),
초신성의 폭발이 불러오는 결과물

철보다 무거운 원소는 중성자 포획으로 만들어진다.

철이나 니켈보다 무거운 원소를 만들려면 핵융합이 아닌 중성자 포획이라는 반응을 사용해야 한다. 중성자를 포획하려면 핵 주변에 중성자가 높은 밀도로 밀집되어 있어야 한다. 질량이 태양의 10배 이상인 항성의 중심부에는 충분한 중성자가 밀집되어 있다.

느린 과정, S-과정(slow)

환경은 조성이 되어 있어도 중성자 포획을 통해서 무거운 원자핵이 만들어지는 것은 어려운 과정이다. 반응은 느리게 일어난다. 그래서 S-과정이라고 한다.

철-56이 중성자를 1개 포획하면 철-57이 된다.
철-57이 중성자를 1개 포획하면 철-58이 된다. 그리고 나서, 베타 붕괴가 일어나면서 중성자가 양성자로 바뀐다.

철-58은 코발트-58이 된다.

이런 과정이 계속되면서 가장 무거운 원소인 비스무트-209까지 만들어진다. 새롭게 만들어진 비스무트-209는 중성자를 흡수하면 분열하여 납-206이 되었다가 다시 비스무트-209가 만들어지는 제자리 순환이 계속된다. S-과정의 한계다.

빠른 과정, R-과정(rapid), 초신성의 폭발

느린 과정에서의 한계를 극복하는 방법은 2개 이상의 중성자를 동시에 흡수하는 것이다. 이런 일은 초신성의 폭발과 같은 초대질량 항성의 죽음으로 만들어지는 극단적인 상황에서만 가능하다.

초대질량 항성의 융합과정이 끝나면 중력으로 인해서 핵과 전자와 광자로 이루어진 짙은 구름이 빠르게 안으로 붕괴한다. 점차 압력이 커지면서 더 좁은 공간으로 입자들이 몰려, 핵이 더 많은 중성자들을 포획할 수 있게 된다. 이런 항성의 죽음은 불과 몇 분 동안에 빠르게 진행되기 때문에 R-과정이라고 부른다.

중성자 포획이 일어나는 R-과정의 각 단계에서 형성되는 불안정한 핵들은 가벼운 핵으로 분리될 시간이 없어서 크기가 빠르게 커진다. 중성자를 포획한 핵들은 초신성 이후에 중성자 밀도가 감소하면, 약력에 의해 중성자가 양성자로 바뀌면서 구조를 재배열한다.

이 상황에서 핵은 최대 270개의 양성자와 중성자를 가질 수 있다. 우라늄-238도 이 과정에서 만들어진다. 우라늄-238보다 큰 원소들은 수명이 너무 짧아서 빠른 시간 내에 사라진다. 우라늄과 같은 무거운 원소들이 방사선을 발산하는 것도 무거워서 불안해진 원소들이 안정화되는 과정이다.

결합하는 원소의 숫자는
모두 성격이 다르다

(일)의 변화, 다양한 원소

산소나 탄소나 철이나 모든 원자들은 크기와 구성이 모두 다른 만큼 모두가 다른 성격들을 가지고 있다. 원자의 결합에 따라서 서로 다른 작용을 하는 것이다. 인간세계도 1명이 있을 때 생각하는 모습과 10~20명이 모였을 때 생각하는 것이 근본적으로 달라진다.

이들이 얼마나 다양한 뜻을 가지는지는 원소주기율표를 보면 알 수 있다. 여기서는 원소주기율표를 제시하지 않는다. 원소주기율표에서 보면 원자는 똑같이 수소원자를 바탕으로 모두 결합되어서 이루어졌지만, 액체도 있고, 고체도 있고, 기체도 있고, 금속도 있고, 금속이 아닌 것도 있다.

결합하는 개수에 따라서 모두가 성격도 다르고 작용도 다르다. 많은 종류의 원자가 만들어지는 것이나, 생명이 탄생하고 생명이 파충

류도 있고, 세균도 존재하고, 포유류도 존재하듯이 다양하게 생겨나고 다양하게 살아가는 것과 같은 이치이다.

천부경의 (일)의 중요한 특성은 (일)은 크기에 따라서 성격이 바뀐다고 했다. 원소주기율표는 (일)의 성격이 바뀌는 모습을 여과 없이 보여준다.

생명체는 태어날 때와 죽을 때의 (무)의 크기가 다르다.
무생물은 처음 태어날 때와 없어질 때의 (무)의 크기는 같지만, 생명체는 태어날 때의 (무)의 크기와 죽을 때의 크기는 비교하기 어려울 정도로 차이가 날 수 있다. 그리고 크기가 달라지면서 성격도 완전히 달라진다. 모든 것으로 변화할 수 있는 가능성의 세계이다.

많이 모여 있다고 반드시 진화만 하는 것은 아니다. 모여진 집단 중에서 나쁜 의도를 가진 개체가 있다면, 그 집단은 어쩔 수 없이 나쁜 집단으로 변하게 될 수도 있다. 이러한 변화도 역시 (무)의 에너지의 성격 변화의 한 부분이 된다.

(무)의 에너지로서는 생명체로의 삶을 가지는 것이 중요한 이유 중에 하나다.

우주의 결론 (6), 지구가 만들어진다

앞에서 항성들이 우주에서 주어진 조건에 따라서 물질의 기본이 되는 원소가 만들어지는 과정을 추적해 왔다. 이제는 우리가 사는 지구는 어떤 과정을 통해서 만들어졌는지 궁금해진다. 지구가 탄생하는 과정에 대한 과학계의 정설은 없는 것으로 알고 있다. 이것을 천부경의 관점으로 풀어보자.

지구의 원소들 중에서 철이 가장 많다.
모든 원소들은 항성의 활동에서 만들어진다. 특히 철은 항성의 활동 중에서 가장 마지막에 가서야 만들어질 수가 있다.

철은 지구가 보유한 가장 많은 원소가 될 것으로 보인다. 지구의 중심인 내핵과 외핵에 무거운 철과 니켈이 자리 잡고 있다. 내핵은 고체상태이고, 외핵에서는 액체상태인 것으로 파악되고 있다.

이 액체상태의 금속과 내핵의 무거운 금속물질은 자석의 성질을 가지고 있는 것으로 생각되어진다. 지구 자체가 거대한 자석으로 자기장을 가지고 있기 때문이다. 자기장은 지구상에 생명을 품는 데 가장 중요한 요인이다. 우주로부터 몰려오는 우주선을 생명체가 직접 받으면 살아갈 수가 없다.

중심부에 철이 만들어지는 조건

항성에서 철을 만들려면, 태양보다 10배 이상 큰 항성이 수소와 헬륨을 연료로 사용하던 주계열성이던 태양과 같은 별들이 수소연료를 모두 소진하면서 적색거성으로 변하게 된다.

적색거성의 내부에서는 헬륨을 시작으로 무거운 원소들을 만드는 과정이 진행된다. 그래서 가장 중심의 핵에서 가장 무거운 물질들이 쌓인다. 차츰차츰 층마다 덜 가벼운 원소들이 자리 잡게 된다.

헬륨이 모두 소모되고 나중에는 탄소와 산소가 연료가 되어 무거운 물질을 만들게 된다. 다음으로는 규소가 연료가 되는데, 앞에서 보았던 바와 같이 단계적으로 무거운 원소들을 만들게 되고, 마지막으로 철과 니켈이 나타난 것이다.

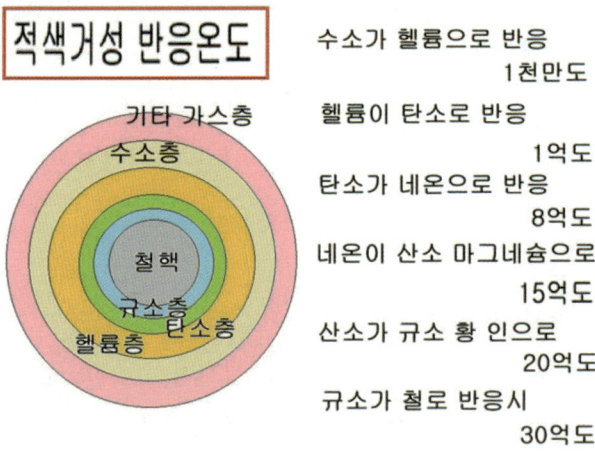

적색거성의 중심부에 철이 만들어졌다는 것은 적색거성도 별로서의 일생을 마무리할 시점이라는 뜻이다.

자기장이 만들어지는 조건

자기장은 자석과 같다. 강한 자석이 생기는 조건은 N극과 S극이 일정한 방향으로 배치된 금속이 많아야 강한 자석이 만들어진다. 다양한 방향을 보이는 금속이 섞여 있다면, 강한 자석이 생기지 않는다.

지구에 강한 자기장이 형성되고 있다면, 지구의 내핵과 외핵에 존재하는 철과 니켈들이 모두 내부적으로 균질하게 일정한 방향으로 분포되어 있다는 뜻이다. 이것은 여러 개의 운석들이 모여서 뭉쳐진 금속에서는 나타날 수 없는 성격이다. 지구의 자기장은 한 개의 큰 별에서 독립적으로 만들어졌다는 추론이 가능해진다.

지구는 적색거성에서 왔다.

중심부에 철과 니켈을 포함하면서 거대한 핵을 구성하고 있다면, 지구의 탄생의 근거지는 명확해진다. 적색거성이다. 철과 니켈은 태양보다 10배 이상의 큰 항성에서 만들어진다. 적색거성의 작용의 마지막 단계이다.

지구의 본래의 모습이 적색거성이었다고 생각한다면, 지구는 46억 년의 나이를 가진 행성이 아니라고 생각할 수 있다. 융합반응하면서 철은 가장 나중에 생겨난다.

지구는 가장 무거운 원소인 철과 니켈이 중심부에서 비활성의 핵을 이루고 있다. 그 바로 바깥쪽에서 똑같은 액체상태의 금속이 존재한다. 철이 적색거성의 중심부에서 만들어지는 시간은 지구의 나이와 관련이 깊다.

**지구항성 외부에 존재했던 가스구름은
중성자별에 뺏겼을 것이다.**

본래의 거대항성에서 존재했던 가스구름과 가벼운 물질들은 항성의 반응이 마무리되고 수축해야 하는 시점에 다른 천체에 모두 뺏겼을 것이다. 지구항성보다 훨씬 강한 중력을 가졌던 중성자별이 지구항성 근처에 다가오면서 일어났던 일이었을 것이다.

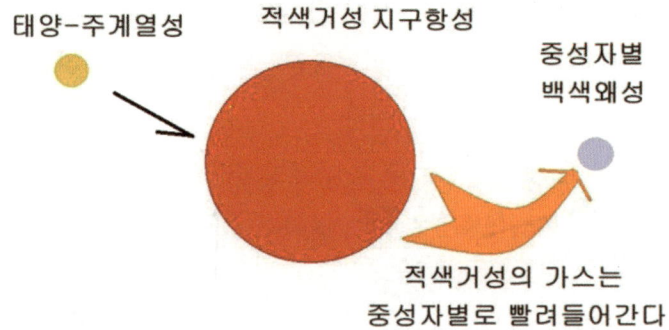

그리고 질량이 급속하게 줄어들었을 것이다. 지구항성의 내부의 핵에서는 융합반응이 이미 끝났을 것이고, 그 바깥쪽에서는 융합반응이 계속되고 있었다.

질량의 감소로 인해서 수축의 격렬한 반응은 이행되지 않았다. 이로 인해서 가스구름들이 사라졌으므로 융합반응도 끝났다. 중심부의 이미 만들어진 무거운 물질들과 그래도 없어지지 않은 일부의 가스만 지구항성에 남았을 것이다.

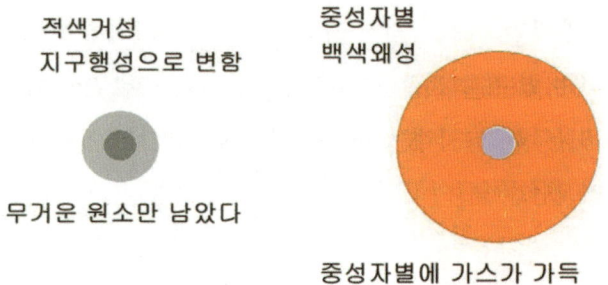

초신성의 폭발로 현재의 지구행성만 남았다.

연이어 벌어진 초신성의 폭발은 중성자별로 끌려가던 지구행성도 함께 멀리 튕겨 보내버렸을 것이다.

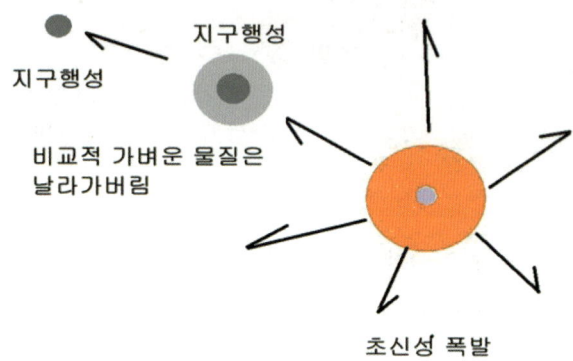

그리고 그 사이에 중성자별의 폭발하고 남은 잔해들이 운석이 되어 지구에 쏟아졌을 가능성이 높다. 멀리 튕겨져 나가면서 지구항성 주변에 그때까지도 남아 있던 가벼운 물질들인 가스구름들은 모두 사라져 버린 뒤이다.

이제 중심부만 겨우 남겨진 지구항성은 나머지의 구성성분들은 모두 사라져 버렸다. 그리고 수많은 운석들을 흡수하면서 외부에는 비교적 가벼운 금속들이 쌓였다. 이제는 지구항성이 아니라 지구행성이 만들어졌다.

지구는 아직도 뜨겁다. 중심부에 있는 철로 구성된 핵은 중심부를 제외하면 아직도 끓고 있다. 지구에 뒤덮인 가벼운 금속들도 용융점이 낮기 때문에 함께 끓고 있을 것이다.

지구는 태양에 붙잡힌다.

지구는 이제는 훨씬 작은 모습의 무거운 물질로 구성된 행성의 모습으로 변했다. 그래도 아직은 뜨겁다. 처음에는 표면이 아마도 최소 2천 도 이상은 되었을 것이다. 그리고 작아진 지구는 우주를 떠돌아다니다가 현재의 태양을 만나면서 태양에 매여서 공전하는 행성이 된다.

앞에서 보듯이 필자는 우리가 보는 태양보다 10배는 큰 항성에서 지구항성이라는 존재가 출발했다고 가정한다. 지구항성은 외부에 있는 많은 부분들을 다른 중성자별에게 뺏기게 되었지만, 오랫동안 융합과정을 겪어온 중앙의 핵에 남아 있던 무거운 원소들은 그대로 남아 있었다.

오히려 초신성의 폭발로 인해서 추가된 우라늄과 같은 중금속은 지구항성의 표면에 표착됨으로써 지구의 원소들이 다양하고 풍부한 구성을 갖게 된다.

**적색거성으로부터 만들어진 지구행성은
자기장이 잘 발달되어 있다.**

태양은 주계열성으로 구분되는 항성이라서 대부분이 수소와 헬륨의 가벼운 원소들과 양성자로 이루어져 있다. 지구는 항성에서 오랫동안 융합작용을 거친 철과 니켈이 지구의 주성분으로 자리 잡고 있고 중심부에 대부분이 위치한다.

우주에 떠돌아다니는 운석만으로는 철과 니켈을 채울 수는 없었을 것이다. 우주에는 무거운 물질보다는 가벼운 물질들이 더 많다. 무거운 물질들은 만들어지는 기회도 적다.

운석으로만 만들어진 행성이라면 중심부가 뜨거운 액체로 만들어지기도 쉽지는 않을 것이다. 아마도 자기장이 잘 형성된 행성들은 지구와 같이 적색거성으로부터 생겨났을 가능성이 높을 것이다.

다양한 운석이 조합되면 자기장이 만들어지지 않는다.
자기장이 잘 형성되지 않는 행성들도 많다. 그들은 우주공간에 떠돌아다니는 운석이나 얼음 덩어리들이 뭉쳐지면서 만들어졌다고 볼 수도 있을 것이다. 그렇게 뭉쳐진 행성들은 N극과 S극의 배열을 일정하게 만들기도 어렵다. 그러면 자석이 만들어지지 않으므로 자기장은 생겨나지 않는다.

같은 초신성의 잔해물이더라도, 적색거성의 핵에서와 같이 수십억 년 동안 내부를 다진 행성이 아니라면, 또한 자기장이 만들어지지 않았을 것이다. 거대한 암석 덩어리에서 갑자기 자기장이 만들어지지는 않는다.

지구행성은 생명의 지혜를 발달시키기 좋은 환경이다.
지구행성은 그렇게 아주 희귀한 경우에서 탄생되었다. 지구에는 우라늄이라는 생겨나기 힘든 광물도 다량으로 포함하고 있다. 그래서 여기서 생겨나는 생명체는 (무)의 에너지가 가지고 있는 정보와 지혜를 우주에 자랑할 수 있는 아주 좋은 환경을 가지고 있다.

스스로 분열하는 우라늄을 관찰하다가 보면 물질에 대한 근본적인 접근이 가능해진다. 그리고 우주의 본질을 파고들 수 있는 것이다. 우주의 본질을 알고자 하는 것은 고등생명체의 본질이다. '이 뭣꼬?'로 시작하는 화두선의 주제와 같이 말이다.

지구는 태양의 영향으로
다시 구성된다

뜨거운 지구는 빨리 식어야 한다.

아직도 뜨거운 지구는 (물)이 있어야 식힐 수가 있다. 우주공간은 차가운 곳이다. 우주의 공간은 암흑물질이 방바닥을 장판처럼 깔려 있는 것과 같이 넓게 펼쳐진 에너지가 있는 공간이다. 그러나 우주는 워낙 넓어서 에너지가 없는 것같이 느껴진다.

절대온도보다 약 2.7도 정도만 높은 차가운 곳이다. 인간이 살아남으려면 295도는 되어야 한다.

(하늘)에서 (물)이 만들어진다.

(물)은 하늘로부터 온다. 동양사상에는 하늘은 차가운 것으로 표현되고 (물)의 성격을 나타낸다. 우주공간에는 (물)이 많다. 오르트구름이라는 태양계의 가장 바깥쪽에서는 얼음 덩어리들이 많이 존재한다. 그들 중의 일부는 태양의 인력에 이끌려서 태양을 향해서 다가온

다. 혜성이다. 혜성은 가끔은 지구와 부딪히면서 지구에 물을 가져다 준다.

또 다른 경로로는 태양은 언제나 지구로 햇볕을 비추면서 방사선을 공급한다. 수소원자와 양성자가 태양으로부터 항상 도착한다. 이들은 지구의 대기에 존재하는 산소와 결합하여 (물)을 만든다. 이들이 많이 모이면 지구상으로 비를 뿌린다. 이들이 뜨거운 대지의 온도를 식힌다. 그래서 (물)은 차가운 (하늘)로부터 온다고 한다.

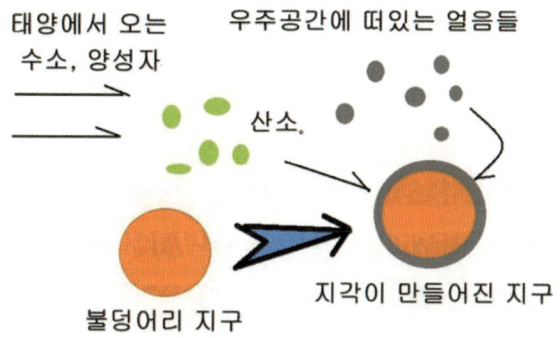

불덩어리 지구는 (물)을 만나서
중간 지대인 지각을 만든다. (흙)이다.

적색거성에서 핵만 남긴 상황으로 변했던 지구는 불덩어리다. 지구에는 아직은 아무것도 생존할 수 없는 뜨거운 상황이다. 여기에 (물)이 대지에 뿌려지자 표면은 식기 시작하였다.

마그마 상태의 액체상태인 지구의 표면은 우주공간을 떠돌아다니는 운석들이 정착한 공간이다. 철이 아닌 규소와 인과 황과 여러 가지 원소들이 다양하게 분포한 공간이다. (흙)의 성분들이다.

3개의 개념은 8개의 개념으로 분화된다.
　지구 표면의 온도가 내려가자 지구 표면은 껍질이 생기듯이 딱딱해지면서 지각이 발생했다. 지구의 표면에 무엇인가 땅을 딛고 올라서도 땅은 꺼지지 않았다. (땅) 위에서 무언가가 움직일 수 있게 된 것이다.

　(불)이 (물)에 의해서 (땅)을 만들고 있는 것이다. (땅)은 중간 지대이다. (물)도 얼음이 (불)의 열기에 녹으면서 (땅) 위로 모이고 있다.

　높은 온도가 (물)을 수증기로 만들면 기체로 변했다. 다시 (하늘)의 차가운 기운을 만나면 (물)로 변해서 (땅)으로 떨어진다. 이런 순환과정에서 (바람)도 불고 (뇌성)도 울린다. (땅) 위에서는 굴곡이 생겨나면서, (산)도 만들어지고, (계곡)도 생겨난다. 또 다른 변화를 위한 움직임이 나타나는 것이다.

　많은 노력 끝에 (땅) 위에는 8가지의 성격을 가진 존재들이 움직이고 있었다. (하늘)과 땅과 (바람)과 (소리)와 (물)과 (불)과 물이 고이는 (못)과 솟아오른 (산)이다.

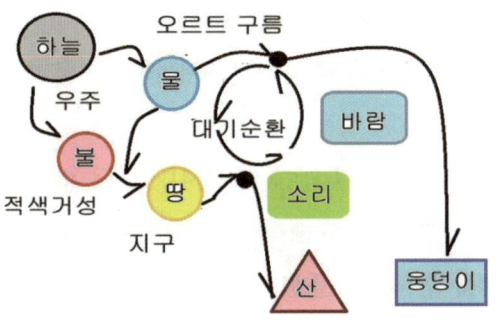

8괘는 완전한 이론이 아니다.

3신(3개의 하느님)은 8괘(8개의 변화 주체)를 출현시켰다. 그러나 아직은 (마음)은 나타나지 않았다. 8괘는 (마음)이 나타나기 전에 만들어진 상이다. 8괘가 완전하지 못한 이론이 되는 이유인 것이다. 3개의 신 중에서 2개만으로 만들어진 이론이 8괘다.

천부경에는 마음과 영혼의 움직임이 이미 담겨져 있다. 샤머니즘의 균형 잡힌 이론을 불완전하게 만든 것이 주문왕, 무왕과 공자의 이론이다. 이미 천부경 해설 1권에서 언급했던 바와 같이 8괘의 주역은 인간의 자연주의 사상을 수천 년을 후퇴시킨 사건이었다고 생각한다.

지구가 만들어진 것은 운이 좋았던 탓이다.

앞에서 보았듯이 내가 조물주라면 태양이 오히려 지구보다 만들기 쉬웠을 것이다. 태양은 단순하게 만들어진다. 그러나 지구는 한국인들이 식물을 그냥 먹는 것이 아니라 나물이라는 반찬을 만들어서 먹는 것과 비슷하다.

태양이라면 식물을 채취해서 그냥 섭취하는 수준일 것이다. 지구는 식물을 채취해서 식물에 잠재한 독성을 제거하기 위하여 (물)에 넣고 (불)에 삶게 된다. 그리고 소금이나 깨나 고춧가루 등을 뿌리고 버무려서 나물을 만들어서 먹게 되는 과정과 동일하다. 맛있게 먹기 위하여 그리고 좀 더 건강하게 먹기 위하여 조금은 귀찮게 조금은 어려운 길로 돌아가는 것이다.

지구는 만들어지는 데 100억 년은 훨씬 넘었을 것이다.

태양은 만들어진 지 40억 년이 지났다고 하지만, 지구는 아마도 100억 년은 훨씬 넘는 기간 동안 만들어졌을 것이다. 수십억 년의 항성으로서의 활동과 또 수십억 년의 적색거성으로서의 활동과 함께 운 좋게 초신성의 폭발을 만나면서야 만들어지는 지구는 운이 좋았다. 인간이 살기에 완벽한 조건을 갖추고 있는 것이다.

화성과 금성이 완전한 자기장을 가지지 못한 것도 우연한 일이 아닌 것 같다. 만들어지는 과정이 지구와는 달랐던 것으로 보인다.

태양은 언제나 지구로 싱싱한 (무)의 에너지를 보내고 있다.

지구에 광자를 보내주는 태양은 수십억 년 동안 태양이 품고 있는 (무)의 에너지를 지구로 보내주는 역할도 한다. 광자라는 껍질에 포장된 채로 지구에 전달되면, 도착하는 순간에 포장이 해체되어 지구의 대기에 열기를 만들어 간다.

이런 식으로 수십억 년 동안 지구에 전달된 (무)의 에너지는 엄청나다. 그들은 어떤 부분은 유기물에 포함되면서 석유라는 연료로 저장되기도 하고, 석탄이라는 암석으로 저장되기도 했다. 이러한 (무)

의 에너지는 지구를 풍요롭게 만드는 데 기여해 왔다. 그리고 거의 마지막 무렵에 지구상에 풍부한 생명을 만드는 데 큰 역할을 했다.

존재의 의지는 (무)의 본능이다.
 (무)의 에너지는 언제나 존재의 의지를 드러내고 싶다. 태양이라는 항성이 만들어질 때도 그런 의지를 가지고 만들어졌다. 지구에 도착한 (무)라는 존재의 의지는 최종 목표가 생명체로 만들어지는 것이다. 생명은 의도하는 대로 갈 수 있다. (무)가 존재의 의지를 가장 잘 드러내 주는 중요한 선택이다.

 생명의 의지를 가지면 많은 숫자의 (무)의 에너지를 합하기도 하고, 거느리기도 한다. 탐욕의 본성을 가지고 있기도 한 것이다. 그러나 탐욕의 본성이 커질수록 (무)의 에너지는 본래의 순수한 목표에서 자꾸 멀어져 가는 것을 스스로는 알아챌 수가 없다. 탐욕은 본성을 오염시키면서 어두워지고 작아지는 것을 막을 수가 없게 된다. 그로 인한 영향은 천부경 해설 1권에서 간략히 소개된 바가 있다.

(0)차원을 어떻게 활용하나?

자! 이제는 이 시점에서 일단 마무리를 해야 할 것 같다. 새로운 생각은 나타나지 않고 자꾸만 앞에 했던 이야기가 반복되려 하고 있다.

새로운 지식의 블랙홀을 찾아야 한다.
내가 위치한 (0)차원에서 새로운 정보가 보충되지 않고 있는 것 같다. 이런 상황에서는 고갈된 현재의 블랙홀을 버리고, 나에게 (0)차원의 에너지를 보충해 줄 새로운 블랙홀을 찾아야 한다.

인간은 참으로 편리하다. 우주는 새로운 블랙홀을 찾을 수가 없이 자신의 블랙홀이 고갈되면 죽어야 하지만, 인간은 고갈된 샘물을 버리고 다시 우물을 파듯이 새로운 블랙홀을 찾아서 다시 만들 수 있다. 새로운 수행을 통해서 말이다. 그렇지 않으면 샘물이 다시 찰 때까지 기다려야 할 것이다.

정확한 정보가 중요하다.

새로운 블랙홀을 찾기 전에, 여태까지 내가 받은 내용을 정리해 보고, 앞으로 내가 무엇을 해야 할지를 점검해 보자.

먼저 공부를 좀 더 해야겠다. 수행 중에 항상 느끼는 것이지만, 현실에 대한 과학적인 지식이 부족하다거나 잘못 알고 있는 것이 있다면, 언제나 새로운 영감에 대한 잘못된 판단을 할 수 있다는 것이다. 항상 주의해야 할 부분이다. 그래서 정확하게 아는 것이 무엇보다 중요하다. 그러기 위해서는 실험이 필요하고, 논리가 궤변으로 흐르는 것을 막아야 한다.

(0)차원은 언제나 정확한 정보를 보내주지는 않는다. 에너지가 많이 들기 때문이다. 그것을 판단하는 것은 수행자의 몫이다. 나는 다시 수행을 통해서 내가 가진 (0)차원의 통신선을 재정비하고, 과학자들이 남긴 훌륭한 관측자료와 실험자료를 좀 더 공부해야 할 것 같다. 이것은 새로운 샘물을 파듯이 블랙홀을 다시 파는 것과 같다.

해결하지 못한 과제는 어떤 것들이 있을까?

인류와 같은 고등생명체는 우주의 곳곳에 잠들고 있는 (무)의 에너지를 깨우는 것이 해야 할 일들 중에 하나다. 그러려면 멀리 여행할 수 있어야 하고, 현재 가지고 있는 지식을 영원히 간직할 수 있어야 하고, 발전시킬 수 있어야 한다. 그리고 파괴력이 큰 폭탄을 우주에 투사시키는 결단을 하게 되더라도 우주에 자극을 줄 수 있어야 한다.

그렇게 하려면 어찌해야 할까? 다만 과도한 행위는 자제하자. 그런 일들이 가져올 결과는 누구도 모른다.

연료를 태워서 우주를 여행할 수는 없다.

지구에서 가장 가까운 항성은 4.5광년 떨어져 있다. 인간이 광속의 10%에 달하는 우주선을 만들 수 있다고 해도, 40년이란 세월이 흐른다. 그곳으로 갔다가 오려면 갓난아기를 실어서 보내더라도 돌아올 때는 할아버지가 되어야 다시 귀환할 수 있는 것이다. 이건 여행이 아니다.

제대로 우주여행을 하려면 수십억 광년을 최소 한 달 내에는 갔다 와야만 비로소 시도해 볼 만한 여행이란 말을 할 수 있을 것이다.

이것은 광자가 30만 km로 달리지만, 그 속에 포함된 양자는 30만 $\times 3.14 \times 10^{20}$ km의 속도로 달릴 수도 있다는 것을 생각하면, 불가능한 이야기는 아닐 것으로 생각된다. 그래서 (0)차원을 활용해야 하는 것이다.

(0)차원의 기술은 질량 상쇄의 기술이다.

모든 물질의 무게를 최소한으로 줄이는 것이 아닌 0으로 만드는 것이 질량 상쇄다. 아마도 개발된다면 무한한 속도를 낼 수 있으므로 우주여행에 필수적으로 사용될 것이다. (0)차원을 통해서 양자 간의 에너지 송수신 통로로 추정되는 웜홀의 개념을 잘 이용하면 안 될 것도 없다는 생각이다.

이것 또한 수행자들이 (0)차원의 세계에 언제든지 들어갔다가 나올 수 있다는 점은 어렵겠지만 가능할 수는 있을 것이다.

(0)차원의 기술은 영혼을 의도적으로 분리하는 기술이다.

영혼을 분리한다는 것은 죽는다는 의미다. 그러나 단순히 죽는다는 것을 의미하진 않는다. 언제나 태어날 수 있는 능력을 가진다는 것도 의미한다.

인체는 로봇 같은 것들을 잘 만들어서 자동차와 같이 언제든지 갈아탈 수가 있다면, 인간은 수명이라는 영원한 굴레에서 벗어날 수 있을 것이다.

이것이 가능하려면 인간이 달라져야 한다. 인체는 인공적으로 만들어질 수 있어야 할 것이다. 지구상의 대부분의 인간은 (무)의 에너지를 자유자재로 활용하기 위하여 수행하는 것을 배우게 될 것이다.

나도 아직은 할 수 없는 이 기술이 과학적인 도구를 통해서 인류에게 보편적으로 사용하는 날이 올 수 있을까? 이 부분도 역시 수행자들이 언제나 꿈꾸는 수행의 목표였다. 앞의 두 가지보다는 쉬울 것으로 생각된다.

참 황당한 이야기다.

너무도 황당하다. 죽는 기술을 배운다고? 내가 없어지는 기술을 배운다고? "나는 하기 싫다"라고 외치는 사람들이 대부분일 것이다. 만약에 (0)차원이 실존한다면 이러한 능력은 시간이 흐르면서 인간이 갖추게 될 것이다.

3차원이 본격적으로 현실로 나타난 시기가 라이트 형제가 첫 비행을 했던 1903년이다. 그 사이에 인간은 도저히 불가능했던 달나라 구경을 하고 왔다.

(0)차원을 활용하는 차원이 달라지는 기술을 사용한다면, 우리의 낡은 생각을 뛰어넘는 획기적인 수준으로 발전해야 수지가 맞지 않을까? 모든 사람들이 양자를 말하면서도 정작 그것이 무엇인지 모른다. 빛의 정체를 모르기 때문이다.

(0)차원이 본격적으로 열리게 되면, 우리가 도저히 불가능하리라 생각했던 것들이 현실로 나타나게 된다. 이것은 수행자들과 함께 과학자들의 공동 노력으로만 달성이 가능한 영역이 될 것이다. 그리고 새로운 세상을 여는 사람들은 정해진 규칙에만 얽매여 있는 사람들은 아닐 것이다. 자유로운 마음을 가진 인간만이 새로운 세상을 열게 될 것이다.

인간의 생각을 자유롭게 보장할 수 있는 세상만이 앞으로 다가올 차원이 달라진 세상을 여는 세상이다.